共6册

机器人
创意与编程（二）

第9册 　C语言编程基础

谭立新　刘开新　著

北京理工大学出版社
BEIJING INSTITUTE OF TECHNOLOGY PRESS

内 容 提 要

本套教材体系上符合人工智能进入中小学编程教育的主要技术框架，内容上涵盖了机械结构、电子电路、Mixly 图形化编程、C 语言程序设计基础知识、Arduino C 代码编程、智能硬件应用、传感器应用、红外通信等方面的知识与实践。

本教材内容尽量简化了文字语言，最大限度地使用图形语言，力求适应不同年龄段的小学生认识事物与理解事物的特点。

图书在版编目（C I P）数据

机器人创意与编程. 二 共 6 册 / 谭立新，刘开新著
. -- 北京：北京理工大学出版社，2024.5
ISBN 978 - 7 - 5763 - 3985 - 7

Ⅰ. ①机… Ⅱ. ①谭… ②刘… Ⅲ. ①机器人 – 程序
设计 – 中小学 – 教材 Ⅳ. ①G634.931

中国国家版本馆 CIP 数据核字（2024）第 097367 号

责任编辑：钟　博　　　　**文案编辑**：钟　博
责任校对：周瑞红　　　　**责任印制**：施胜娟

出版发行 / 北京理工大学出版社有限责任公司
社　　址 / 北京市丰台区四合庄路 6 号
邮　　编 / 100070
电　　话 / （010）68914026（教材售后服务热线）
　　　　　　（010）68944437（课件资源服务热线）
网　　址 / http://www.bitpress.com.cn

版印次 / 2024 年 5 月第 1 版第 1 次印刷
印　　刷 / 河北盛世彩捷印刷有限公司
开　　本 / 889 mm×1194 mm　1/16
印　　张 / 49.75
字　　数 / 1046 千字
总 定 价 / 468.00 元（共 6 册）

前　　言

　　机器人是一个融合机械、电子、计算机、智能控制、互联网、通信、人工智能等诸多技术的综合体，对未来学科启蒙意义重大。随着国家教育体制改革的不断深化，中小学开设以机器人为载体的新一代信息科技课程越来越受到高度重视。

　　众所周知，机器人技术中的任何一门学科都应该是中专及以上院校开设的课程，对于中小学生特别是小学生来说有什么意义呢？这就好比汉语言文学专业，它是我国大学史上最早开设的专业之一，可是从来没有哪一位学生是在考入大学的这一专业后才开始学习说话和写字的，也没有哪一位学生是在牙牙学语时便学习音韵、语法和修辞课程的。

　　本套《机器人创意与编程》教材立足于既要解决像汉语言文学专业的学生不需要从零开始学习"说话"和"写字"的问题，又尽量处理好像婴儿在牙牙学语时的"语法"与"修辞"的难题。

　　本套教材依据中国电子学会推出的《全国青少年机器人技术等级考试标准》，对课程体系的组织与安排充分注重教学内容的系统性、教学阶段的差异性、教学形式的趣味性和手脑并重的创意性。本套教材按照《全国青少年机器人技术等级考试标准》，体系上符合人工智能进入中小学编程教育的主要技术框架，内容上涵盖了机械结构、电子电路、软件编程、智能硬件应用、传感器应用、通信等方面的知识与实践。

　　本套教材共 12 册，适用对象为小学 1~6 年级的学生，其中 9~12 册也适合 7~9 年级学生学习。

　　1~4 册，主要通过积木模型介绍机械结构方面的知识，对应 1~2 年级的学生及一、二级等级考试；

　　5~8 册，主要介绍 Mixly 图形化编程、电子电路、智能硬件及传感器的应用等知识，对应 3~4 年级的学生及三级等级考试；

　　9~12 册，主要介绍 C 语言代码编程、电子电路、智能硬件及传感器的应用、红外通信等知识，对应 5~6 年级的学生及四级等级考试。

　　每册教材原则上按单元划分教学内容，即每个单元具有相对独立的知识点。为了便于学生学习与记忆，1~4 册每课的知识点在目录中用副标题标出；5~12 册每课的标题除应用型项目外，原则上用所学知识点直接标出。

　　中小学生机器人技术课程开发是一个全新的领域。由于编者水平有限，不妥和疏漏之处在所难免，敬请广大读者提出宝贵的意见和建议。

编　者

目　　录

第 1 单元
C 语言程序的组成

- C 语言与开发环境
- C 语言程序的组成与书写
- C 语言中数据的输入与输出

第 1 课

C 语言与开发环境

1.1 基本要点

1.1.1 计算机语言与 C 语言

计算机语言是人们描述计算机计算过程（即程序）的规范书写语言。

人们用计算机解决问题时，必须用某种"语言"与计算机进行交流。具体地说，就是利用计算机语言提供的命令来编制程序，并把程序存储在计算机的存储器中，然后用这个程序控制计算机运行，以达到解决问题的目的，如图 1 – 1 所示。

图 1 – 1　用 C 语言程序计算 a + b 等于多少

人和人是用双方都能听得懂的语言交流的。同样的道理，人和计算机交流时也要用双方都能"听得懂"的语言。为此，人们根据计算机的不同用途开发出了各种计算机语言。C 语言就是计算机语言中的一种。

C 语言是一种结构化的程序设计语言，兼有高级语言和低级语言的功能。C 语言具有可对硬件直接操作、移植性强、功能强大、程序执行效率高等特点，是一种使用最广泛的高级程序设计语言。

随着 Internet 技术的飞速发展，涌现出诸如 C＋＋、Java、Python 等编程语言。这些语言都是以 C 语言为基础或借鉴了 C 语言，因此学好 C 语言对学习其他计算机编程语言大有帮助。

1.1.2 数制与数制转换

任何一种计算机语言都不会像人类的语言一样通过发音来表达语义。

那么，计算机怎样实现语言的功能呢？其主要途径是"电"。例如，电流有"通"和"断"两种状态，电压有"高"和"低"两种状态，这两种情况可以分别用0和1来表示，而且它在物理上最容易实现。因此，计算机是采用只有0和1两个字符的二进制的数制来实现语言功能的。也就是说，计算机的所有数据（或语言）都是由一串串0和1组成。

1. 数制

数制是指计数的方法。例如我们熟悉的"逢十进一"的计数方法叫作"十进制"，如图1-2所示。

图1-2　十进制计数方法示意

尽管在计算机内部采用二进制操作，但是对于人们来说，使用二进制并不方便。因此，在计算机中除了使用二进制外，还常用八进制、十进制、十六进制。

二进制：基本符号为0,1。

八进制：基本符号为0,1,2,3,4,5,6,7。

十进制：基本符号为0,1,2,3,4,5,6,7,8,9。

十六进制：基本符号为0,1,2,3,4,5,6,7,8,9,A,B,C,D,E,F。

十六进制中的字符A~F分别对应十进制10~15，如C对应12。

为了区别不同的进制，通常在书写的时候用下标进行区分，在C语言程序中用前缀进行区分。

各种数制的计数方法与表示方法见表1-1。

表1-1　各种数制的计数方法与表示方法

数制	计数方法	数值示例	前缀	下标	对应的十进制数值
二进制	逢一进一	0b	0b100	$(100)_2$	4
八进制	逢八进一	0	0100	$(100)_8$	64
十进制	逢十进一	无	100	$(100)_{10}$	100
十六进制	逢十六进一	0x 或 0X	0x100 0X100	$(100)_{16}$	256

2. 整数的数制转换

1）十进制数转换成二进制数

用2不断地去除要转换的十进制数，直到商为0。将每次得到的余数以最后的余数为最高位，以第一次得到的余数为最低位依次排列，便得到转换的结果。

例如，将 $(153)_{10}$ 转换为二进制数的操作如下。

将转换过程中得到的余数从高位到低位依次排列，得到转换结果：$(153)_{10} = (10011001)_2$。

2）二进制数转换成十进制数

将二进制数转换为十进制数的方法是按权展开。将一个二进制数如 $(1101)_2$ 的每一位从右到左编号，然后按下列方法进行计算。

编号 n：　　　　3　　2　　1　　0；

二进制数：　　　1　　1　　0　　1；

2^n：　　　　　2^3　2^2　2^1　2^0。

转换结果：$(1101)_2 = 1 \times 2^3 + 1 \times 2^2 + 0 \times 2^1 + 1 \times 2^0$

$$= (13)_{10}。$$

在上面的计算方法中，2^n 就是所谓的"权"，读作 2 的 n 次方，n 叫作指数，n 等于几就用几个 2 相乘。例如：

$$2^5 = 2 \times 2 \times 2 \times 2 \times 2，\cdots，2^2 = 2 \times 2，2^1 = 2，2^0 = 1$$

因此，按权展开的计算方法是：依次用对应编号 n 的二进制数（如 1 或 0）乘以 2^n 后相加，就得到转换后的十进制数。

3）二进制数转换成八进制数、十六进制数

将二进制数转换成八进制数和十六进制数仍然可以用按权展开的方法计算，但是如果熟悉几种数制的对应关系，直接用它们的对应关系进行转换方便得多，见表 1-2。

表 1-2　几种数制的对应关系

十进制	二进制	八进制	十六进制
0	0	0	0
1	1	1	1
2	10	2	2
3	11	3	3
4	100	4	4

十进制	二进制	八进制	十六进制
5	101	5	5
6	110	6	6
7	111	7	7
8	1000	10	8
9	1001	11	9
10	1010	12	A
11	1011	13	B
12	1100	14	C
13	1101	15	D
14	1110	16	E
15	1111	17	F

从表 1-2 可以看出，八进制数 0~7 对应二进制数的最高位数为 3 位（100~111）；十六进制数 0~F 对应二进制数的最高位数为 4 位（1000~1111）。进行八进制转换时，将二进制数按 3 位一组依次对应八进制数的每一位；进行十六进制转换时，将二进制数按 4 位一组依次对应十六进制数的每一位。

现在分别将二进制数 $(111101010)_2$ 转换成八进制数和十六进制数。

（1）转换成八进制数

从右向左将每 3 位分成一组：111 101 010；

每组写出对应的八进制数：7　5　2；

转换结果为 $(111101010)_2 = (752)_8$。

（2）转换成十六进制数。

从右向左将每 4 位分成一组：1 1110 1010；

每组写出对应的十六进制数字：1　E　A；

转换结果为 $(111101010)_2 = (1EA)_{16}$。

反过来，用同样的道理可以将八进制数或十六进制数转换为二进制数。

1.1.3　开发环境：Dev-C++

Dev-C++ 是一个轻量级的 C/C++ 集成开发环境（IDE），非常适合学习编写 C 或 C++ 语言程序的初学者。

1. Dev-C++ 主界面

1）进入 Dev-C++ 主界面

单击桌面图标 Dev-C++，进入 Dev-C++ 主界面，如图 1-3 所示。

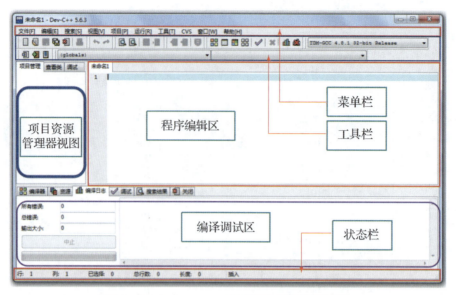

图 1-3　Dev-C++主界面功能分区示意

2）Dev-C++主界面功能分区

Dev-C++主界面主要由菜单栏、工具栏、项目资源管理器视图、程序编辑区、编译调试区和状态栏组成。图 1-3 所示为 C 语言程序编译运行时的主界面功能分区示意。

2. 新建 C 语言程序文件

（1）打开 Dev-C++主界面，选择菜单栏中的"文件"选项，在弹出的子菜单中选择"新建"命令，再选择下一级子菜单中的"源代码"选项，如图 1-4 所示。

图 1-4　新建 C 语言程序文件

（2）选择"源代码"选项后进入程序编辑主界面，创建了一个未命名的 C 语言程序新文件，这时便可以在光标闪烁处开始编写程序代码了，如图 1-5 所示。

3. 保存文件

程序编写完成后，需要将它保存。保存的方法与步骤见后面的实训 1-1。

1.2　应用示例

【示例 1-1】　计算 $(111)_2 + (1001)_2$。

计算方法：

用十进制列竖式的方法进行计算，将 2 个二进制数右端对齐后从右到左依次相加，并用打"."的方法标识进位。

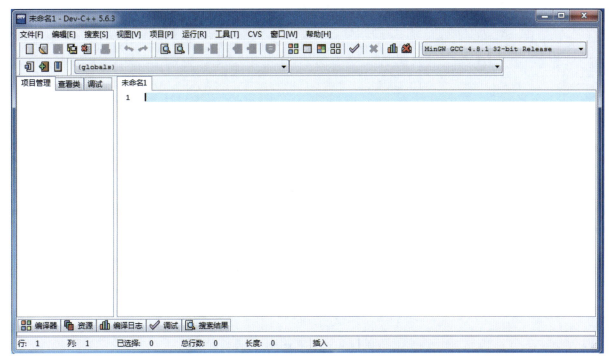

图 1-5 创建未命名的 C 语言程序新文件

$$
\begin{array}{r}
\text{被加数} \qquad 1 \quad 1 \quad 1 \\
\text{加数} \quad + \quad 1 \ . \ 0 \ . \ 0 \ . \ 1 \\
\hline
1 \quad 0 \quad 0 \quad 0 \quad 0
\end{array}
$$

计算结果：

$$(111)_2 + (1001)_2 = (10000)_2$$

【示例 1-2】 将八进制数 $(175)_8$ 转换成十六进制数。

计算方法：

先将八进制数 $(175)_8$ 转换成二进制数，然后转换成十六进制数。

八进制数	1	7	5
二进制数	1	111	101
二进制数重组		111	1101
转换成十六进制数		7	D

计算结果：

$$(175)_8 = (7D)_{16}$$

1.3 编程实训

【实训 1-1】 编写一个程序，在屏幕上输出"Hello World!"。

进入程序编辑主界面，在程序编辑区的光标闪烁处开始编写程序。将下面的程序代码输入程序编辑区。

1. 源代码

```
/* myProject1_1 */
#include<stdio.h>
main()
{
    printf("Hello World!");
}
```

2. 编译/运行程序

1）编译程序

用 C 语言编写的程序叫作源程序。计算机运行一个程序时，从对源程序的编译开始到运行结束，要经过编译—链接—运行 3 个阶段，如图 1-6 所示。

图 1-6　C 语言程序的编译运行过程示意

（1）进入编译选项。选择菜单栏中的"运行"命令，在弹出的子菜单中选择"编译"选项，如图 1-7 所示。

（2）保存程序。选择"编译"选项后弹出一个"Save As（保存为）"对话框，如图 1-8 所示。在这里将编写的程序在开始编译前保存在合适的位置。具体步骤如下。

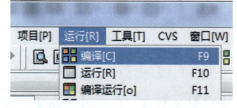

图 1-7　选择"编译"选项

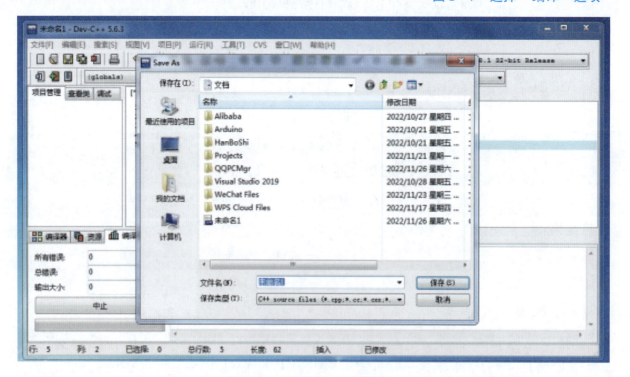

图 1-8　"Save As"对话框

①设置文件保存位置。这里选择 C 盘，新建一个"我的程序"文件夹，将程序保存这个文件夹中，如图 1-9 所示。

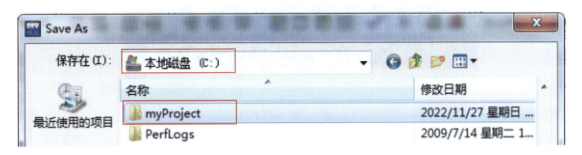

图 1-9　选择盘符并新建文件夹

②设置文件名及文件保存类型。将"文件名"框中的"未命名"修改为"myProject1_1"，选择"保存类型"为"C source files(*.c)"，如图 1-10 所示。

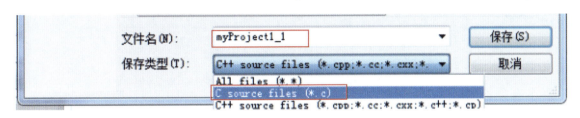

图 1-10　保存文件

③保存。单击"文件名"框右边的"保存"按钮保存文件，如图 1-10 所示。

（3）编译程序。

单击"保存"按钮后，计算机马上进入编译状态。如果源程序没有错误，编译调式区会显示"所有错误 0"和"总错误 0"，如果有错误则会显示相关错误信息，如图 1-11 所示。

图 1-11　编译信息提示

2）运行程序

程序编译成功后就可以运行程序了。选择菜单栏中的"运行"命令，在弹出的子菜单中选择"运行"选项程序开始运行程序，如图 1-12 所示。

图 1-12　运行程序

程序运行结果如图1-13所示。

图1-13 程序运行结果

如果源程序没有任何错误，也可以直接进入"编译运行"环节，即选择 编译运行[o] F11 选项。

 课后思考

1. 什么是计算机语言？

2. C语言有什么特点？

3. 什么是数制？二进制、八进制与十六进制的计数方法分别是什么？

4. 计算$(101)_2 + (1100)_2$。

5. 数制转换：将$(15)_{10}$转换成二进制数，将$(137)_8$转换成十六进制数

6. 参照实训1-1编写一个C语言程序，在屏幕上输出"你好！"，并把它保存在指定的文件夹中。

提示：将实训1-1程序中的语句"printf（"Hello World!"）"修改成"printf（"你好！"）"。

C 语言程序的组成与书写

2.1 基本要点

在 Mixly C 语言图形化编程中，只要在程序编辑区按规定构建模块即可，其他什么也不用管，那些格式化的操作已经在模块内部被安排好了。

但是，用 C 语言代码编程时，很多事情需要我们自己做，比如明确程序代码如何组成，程序代码中的标识、符号要书写正确等。因此，掌握 C 语言编程的一些最基本的常识是很有必要的。

2.1.1 C 语言程序的基本框架

如图 2 – 1 所示的结构叫作 C 语言程序的基本框架。

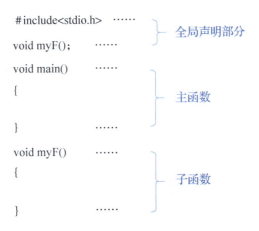

图 2 – 1　C 语言程序的基本框架

C 语言程序的基本框架包含三大部分，即全局声明部分、主函数、子函数。

从 C 语言程序的基本框架可以看出，C 语言程序是由函数构成的。一个 C 语言程序必须有一个 main( ) 函数，即主函数；可以有 1 个或多个子函数，如 myF( ) 函数，也可以没有子函数。

main( ) 函数在程序中的位置可以是任意的，但程序执行时总是从 main( ) 函数开始，并在 main( ) 函数中从上往下执行到最后一条语句为止。

图 2 – 1 所示的 C 语言程序的基本框架在编译过程中不会有任何问题，但是运行后不会有任何结果，因为这个框架是空的。

2.1.2 C 语言程序的组成

先看下面的一个 C 语言程序例子。

```
#include <stdio.h>    //包含头文件
int a;                //声明全局变量 a
void myF();           //声明子函数(自定义函数)

main()        //函数说明(主函数名)
{
    int b;        /* 花括号内为主函数体 */
    b = 5;
    a = b+1;
    myF();
}

void myF()            //函数说明(子函数名)
{
    printf("a = %d",a);    /* 花括号内为子函数体 */
}
```

这是一个在屏幕上输出 "a = 6" 的程序。程序虽然简单，但它反映了 C 语言程序的基本组成。

1. 全局声明部分

在整个程序的首部，主要有：文件包含、全局变量的声明、子函数的声明等。

C 语言允许一个源文件中包含另一个文件，包含文件的命令为#include < 文件名 > ，或#include"文件名"。这里只要用其一种形式就行了。

2. 主函数

主函数由函数说明和函数体两部分组成。

（1）函数说明。main( )是函数说明部分，main 后面必须跟一对空括号。

（2）函数体。函数体用一对花括号括起来，函数体内包括声明部分和执行语句部分。

①声明部分。主要是对 main( )函数体内需要使用的局部变量进行声明，如上面例子中的声明语句 "int b"。

②执行部分。由若干条执行语句或语句组组成，如上面例子中的 "b = 5；a = b + 1；myF( )；"。main( )下面的一对花括号 "{ }" 在任何情况下都必须配对，更不能省略。

3. 子函数

子函数的组成部分与主函数基本一样，它们的主要区别在于子函数不能独立存在，它只有在主函数存在的情况下才有意义，如上面例子中主函数调用子函数输出 a 的值。

子函数的定义将在后面的课程中学习。

4. 语句

（1）语句由一些基本字符和定义符按照 C 语言的语法规则组成，每条语句必须用分号 "；"

结束。如上面例子中的"int a；a = b + 1；myF( )；"为 3 条语句。

（2）编译预处理命令#include 不是语句，行末不能使用分号，也不能使用其他任何符号，如上面例子中的"#include < stdio. h >"。函数说明后面也不能使用任何符号，如"main ( )"和"void myF ( )"。

5. 注释

注释是编写程序的人对程序的注解，它可以出现在程序的任何地方。注释有行注释和段注释两种。

（1）行注释符为连续的两个斜杠"//"。行注释只对本行有效，在行注释符后面的所有内容都被视为注释对象，例如：

```
#include < stdio.h >    //包含头文件
int a;                 //声明全局变量 a
```

（2）段注释以"/ *"开头，以" * /"结尾，即"/ *……* /"，例如：

```
int b;        /*花括号内为主函数体 * /
…
printf("a = %d",a);  /*花括号内为子函数体 * /
```

段注释可以是一行，也可以是多行，例如：

```
/* 这是一个为了介绍 C 语言
   程序组成部分的简单例子 * /
#include < stdio.h >        //包含头文件
int a;                     //声明全局变量 a
void myF( );               //声明子函数(自定义函数)
void main( )               //函数说明(主函数名)
{…}
void myF( )                //函数说明(子函数名)
{…}
```

恰当地使用注释可以使程序清晰易懂，便于阅读和调试。在编写程序时要注意养成进行适当注释的好习惯。

注释对程序的执行没有任何影响。

2.1.3　C语言程序的书写

为了使程序结构清晰，便于阅读，C 语言程序的书写一般遵循以下原则。

1. 一行一般写一条语句

尽管语句短，一般也不要一行写多条语句，例如：

```
int a；a = b +1；   //一行多条语句
int a；            //一行一条语句
a = b +1；
```

但是，有时候一行写多条语句反而会使程序格式变得紧凑，方便阅读，不要绝对地认为一行只能一条语句。

当一条语句很长的时候，也可以分写成多行，这样便于整体阅读，例如：

$$a = 3 + (5 - 2 * 1)$$
$$* (3 + 7 * 6) + 9;$$

2. 整个程序采用缩进格式书写

表示同一层次的语句行对齐，缩进同样多的字符位置。在 Dev - C++ 环境下，语句换行时一般会自动缩进。如图 2-2 所示，蓝色部分为同一层次，绿色部分为同一层次。可见，同一对花括号内的语句为同一层次。

```
1    #include<stdio.h>
2    main()
3    {
4        int n,sum=0;
5        n=1;
6        while(n<=200)
7        {
8            sum=sum+n;
9            n++;
10       }
11       printf("sum=%d",sum);
12   }
```

图 2-2 C 语言程序书写的缩进格式

3. 花括号对齐

花括号的书写和对齐根据个人习惯的不同而有所不同。本书采用每对花括号的左、右两边各占一行，main( ) 下面的第一层花括号顶格书写，其他层花括号上下对齐的形式，如图 2-2 所示。

4. 在程序中适当使用空行

空行可以分隔程序中的语句块，增加程序的可读性，如 2.1.2 节所示的程序例子。

2.2 应用示例

【示例 2-1】 指出下面的程序中存在的问题。

```
#include < stdio.h >;      //文件包含(编译预处理命令)
int a;                    //全局变量声明
main();                   //主函数说明
{
    a = 3;                //主函数体内的执行语句
    b = 5;
    a = a + b;
    int b;                //主函数体内的变量声明
    printf("a = %d",a);   //数据输出语句
};
```

（1）问题查找。

根据 C 语言程序的组成及语句的规定，示例 2-1 存在的问题如下。

①文件包含即编译预处理命令不是语句，后面不能用分号。

②函数说明即 main( ) 后面不能有任何符号。

③主函数体内的声明语句"int b;"在函数体内要放在首部，即"int b;"要放在"a = 3;"语句的上面。

④构成函数体的花括号后面不能有分号，也不能有任何其他符号。

（2）程序修正。

```
#include <stdio.h>          //文件包含(编译预处理命令)
int a;                      //全局变量声明
main()                      //主函数说明
{
    int b;                  //主函数体内的变量声明
    a = 3;                  //主函数体内的执行语句
    b = 5;
    a = a + b;
    printf("a = %d",a);     //数据输出语句
}
```

【示例 2 - 2】　下面左边是一个将 a、b 两个数从小到大输出的程序，按照 C 语言程序书写格式的一般要求把它调整过来。

原书写格式：
```
/* myC2_1 */
#include <stdio.h>
main()
{
int a = 5,b = 3,t;
if(a > b)
{ t = a;
  a = b;
  b = t;}
printf("%d,%d",a,b);
}
```

调整后的书写格式：
```
/* myC2_1 */
#include <stdio.h>
main()
{
    int a = 5,b = 3,t;
    if(a > b)
    {
        t = a;
        a = b;
        b = t;
    }
    printf("%d,%d",a,b);
}
```

2.3　编程实训

现在我们还不具备编程能力，这里通过实训，进一步熟悉 C 语言程序的组成及它的书写格式。

【实训 2 - 1】　有 a、b 两个整数，如果 a > b 则输出 a - b 的值，如果 a < b 则输出 a + b 的值。先按照新建源代码的步骤，新建一个程序 myProject2_1。

1. 源代码

```
/********************
实训程序 myProject2_1
********************/
#include <stdio.h>          //文件包含
```

```
main()
{
    int a,b,c;                //声明主函数体内用到的变量
    a = 65;
    b = 77;
    if(a > b)                 //判断a是否大于b
    {
        c = a - b;
        printf("%d",c);       //输出a-b的值c
    }
    if(a < b)                 //判断a是否小于b
    {
        c = a + b;
        printf("%d",c);       //输出a+b的值c
    }
}
```

2. 运行程序

程序编写好后，经过编译→运行，最后输出结果。如果对自己编写的程序很有信心，也可以直接进行"编译运行"。不过，计算机不会省去前面的过程，总是从"编译"开始。

初学时要从编译程序开始，先经过编译检查程序是否有语法方面错误。实际上，即使很熟练也难以避免出现这样或那样的问题。

程序 myProject2_1 运行结果如图 2 – 3 所示。

图 2 – 3　程序 myProject2_1 运行结果

 课后思考

1. 理解并默写图 2 – 1 所示的 C 语言程序的基本框架。
2. 掌握 C 语言程序的组成部分。
3. main( ) 函数体内一般分哪几部分？
4. 语句是由什么组成的？一条语句结束的标志是什么？
5. 熟悉 C 语言程序的一般书写格式。

第3课

C 语言中数据的输入与输出

3.1 基本要点

数据的输入与输出是程序的重要部分。C 语言中数据的输入与输出是由库函数完成的。

3.1.1 文件包含处理（#include）

文件包含是指一个源文件可以将另一个源文件全部包含进来。前面已经在源程序中使用过#include < stdio. h >，这是一个文件包含处理命令，又叫作编译预处理命令。

什么叫文件包含处理呢？

如果某个程序在执行时需要另外一个程序文件，而这个程序中没有，就要把它包含进来。

每个程序在执行前首先要对源程序进行编译。在程序编译前，预处理器会查找这个被包含的文件如 "stdio. h"，并把它复制到这个源程序中，使它的全部内容成为这个源程序的一部分，这就是文件包含处理。

例如画一幅画，美术老师要求画一面红旗，而彩笔盒中没有红色笔，这时就要预先准备好红色笔并把它 "包含" 在彩笔盒中，这样才能完成绘画的任务，如图 3 – 1 所示。

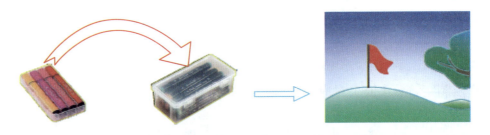

图 3 – 1　彩笔 "包含" 示意

C 语言中数据的输入与输出是由库函数完成的。在编写程序的时候如果要输入或输出数据，就要像图 3 – 1 中 "包含" 红色笔一样将标准输入/输出头文件 "stdio. h" 包含进来。文件包含命令的格式与位置如下面的代码所示。

```
#include < stdio.h >
main()
{
    scanf();
    printf();
}
```

以上代码的说明如下。

（1）"#include < >"为文件包含命令。

（2）"stdio. h"是被包含的头文件，stdio是Standard Input & Output的缩写，h是head的缩写。

（3）scanf( )是格式输入函数，printf( )是格式输出函数。在编写C语言程序时如果要用这两个函数输入或输出数据，必须使用"#include < stdio. h >"这个文件包含命令。

3.1.2 格式输出函数 printf( )

格式输出函数 printf( )的一般形式为

```
printf("格式字符串",输出项列表);
```

其说明如下。

（1）"格式字符串"用来说明和指定输出的格式，由普通字符和格式控制字符组成。代码中格式字符串要用双引号（""）引起来。

普通字符一般用于输出时的提示信息，它照原样输出；格式控制字符由"%"后面加上格式说明符如d、f等组成，即"%d"输出整数，"%f"输出小数（浮点数）。

例如，几种不同输出形式的格式字符串如下：

```
printf("a = %d",输出项列表);       //%d 控制输出整数
                                  //蓝色普通字符原样输出
printf("b 是一个小数:%f",输出项列表); //%f 控制输出小数
                                  //蓝色普通字符原样输出
```

（2）输出项列表是需要输出的数据的列表。

有时候同时输出多个数据如a、b、c等，这时需要将这些数据在输出项列表中列出。输出项列表用逗号与格式字符串隔开，"输出项列表"中的各个数据也要用逗号隔开。例如：

```
printf("格式字符串",a,b,c,d);
```

注意，输出项列表中有几个数据，在格式字符串中就要有几个格式控制字符。例如：

```
printf("%d%d%d%d",a,b,c,d);  或
printf("%d,%d,%d,%d",a,b,c,d);
```

注意，每个格式控制字符%d依次对应一个输出数据，而且次序不能混乱，如图3-2所示。

```
printf("a=%d, b=%d, c=%d, d=%d", a, b, c, d);
```

图 3-2 格式控制字符与输出数据的对应

例如，编程输出 a = 1。代码如下。

```
#include < stdio.h >     //包含输入/输出头文件
main()
{
    int a;
    a = 1;
    printf("a = %d",a);  //格式输出函数
}
```

程序运行结果如图 3 – 3 所示。

图 3 – 3　程序运行结果

3.1.3　格式输入函数 scanf( )

格式输入函数的一般形式为

scanf("格式字符串",输入项地址列表);

说明如下。

（1）格式字符串的含义与 printf( ) 函数基本相同，由普通字符和格式控制字符组成，用来说明和控制输入的格式。例如：

scanf（"％d"，输入项地址列表）。

（2）输入项地址列表是由若干个变量的地址组成的列表，变量的地址利用运算符 & 获取，如"&a"为获取变量 a 的地址。例如：

scanf（"％d"，&a）。

要输入多少个数据就要在列表中列出多少个变量，分别对它们取地址，如 &a、&b、&c 等。每个地址要对应一个格式控制字符。例如：

scanf（"％d％d％d"，&a，&b，&c）;

（3）程序运行时按照格式字符串的格式依次输入数据，其中普通字符要在输入的时候原样录入，用 Enter 键作为输入结束的标志。

例如，在键盘上输入 a = 2.3，并输出 a 的值。代码如下。

```
#include <stdio.h>
main()
{
    float a;
    scanf("%f",&a);     //格式输入函数
    printf("a = %f",a);
}
```

输入过程与程序运行结果如图 3 – 4 所示。

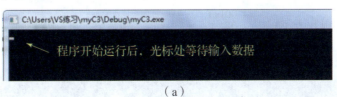

（a）

图 3 – 4　输入过程与程序运行结果

（a）输入过程

· 19 ·

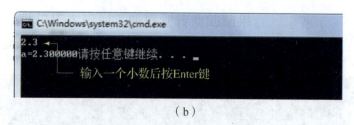

（b）

图 3 - 4　输入过程与程序运行结果（续）

（b）程序运行结果

3.2　应用示例

【示例 3 -1】　编写程序，从键盘输入 2 个整数，然后在屏幕上输出这 2 个整数的和。

1. 源代码

```c
/* myC3_1 */
#include <stdio.h>
main()
{
    int x, y, z;
    scanf("%d%d", &x, &y);      //从键盘输入 2 个整数
    z = x + y;                  //计算 2 个整数的和
    printf("%d", z);            //输出计算结果
}
```

键盘输入：

从键盘输入 2，5 两个整数。

注意事项如下。

（1）代码中，格式输入函数 scanf（"％d％d"，…）中的两个格式控制字符％d 与％d 之间没有用逗号分开，从键盘输入第一个数据后按一次 Space 键，再输入第二个数据，2 个数据输入完后按 Enter 键。如输入 2，5 的格式如下：

```
2□5　┘
```

（2）如果格式控制字符用逗号 "，" 隔开，从键盘输入数据时也用逗号将输入的数据隔开。如输入 3 个整数 x，y，z，其中 x = 2，y = 5，z = 7，其格式如下：

```
scanf("%d,%d,%d",&x,&y,&z);
```

```
2,5,7　┘
```

2. 运行结果

示例 3 -1 程序运行结果如图 3 -5 所示。

图 3 -5　示例 3 -1 程序运行结果

3.3 编程实训

在示例 3 – 1 中，程序在等待数据输入时只有一个光标在闪动，这时需要输入几个数据呢？要输入的数据是整数还是小数？这些都需要事先记清楚；同时，对于输入的是个什么样的数据，其表示也不直观。

能不能解决这个问题呢？当然是可以的。

现在对示例 3 – 1 程序 myC3_1 进行修改，解决上面提出的问题。

【实训 3 – 1】 编写程序，从键盘输入 2 个整数，然后在屏幕上输出这 2 个整数的和（输入数据时给出提示信息，输出的结果用 2 个数的和表示）。

1. 源代码

```c
/* myProject3_1 */
#include < stdio.h >
main()
{
    int x, y, z;
    printf("请输入两个整数 x、y：\n"); //提示输入信息
    scanf("%d,%d", &x, &y);         // 从键盘输入 2 个整数
    z = x + y;                      //计算 2 个整数的和
    printf("x + y = %d", z);        //输出计算结果
}
```

代码说明如下。

（1）"printf（"请输入两个整数 x、y：\n"）"语句是一条提示输入信息语句。

① "请输入两个整数 x、y："均为普通字符，它们在屏幕上照原样输出，只起提示作用。

② "\n"为转义字符，起换行输出的作用，即在屏幕上显示输入数据时在会另起一行。转义字符"\n"不显示。

（2）"scanf（"%d,%d"，&x，&y）"语句中，格式字符串中的 2 个格式控制字符之间用逗号","分开，从键盘输入数据时也要用逗号将输入的数据隔开，数据输入完后再按 Enter 键。

（3）"printf（"x + y = %d"，z）"语句中，格式字符串中"x + y ="为普通字符串，"%d"为输出整数的格式控制字符。z 为要输出的数据，即两个数的和 z = x + y。

2. 运行程序

等待输入数据时屏幕的提示信息如图 3 – 6 所示。

图 3 – 6 提示信息

程序运行结果如图 3 – 7 所示。

图 3 –7　程序运行结果

课后思考

1. 文件包含处理命令#include < stdio. h > 的意义是什么？

2. 格式输出函数 printf("％d％f",a,b)中，a 和 b 分别是整数还是小数？

3. printf("％d,％d,％f",x,y,z)和 printf("％d,％d,％f\n"，x，y，z）有什么不同？

4. 仔细阅读下面的语句或命令，正确的在括号中打"√"，错误的在括号中打"×"。

（1）#includ < stdio. h > 　　　　　　　　　　　　　　　　　　　　　（　　）

（2）printf("％d\n"，a)；　　　　　　　　　　　　　　　　　　　　　（　　）

（3）scanf('％d％d％d％d',a,b,c,d)；　　　　　　　　　　　　　　　　（　　）

（4）printf("％f,％f",&x,&y)；　　　　　　　　　　　　　　　　　　　（　　）

第 2 单元
C 语言的语法基础

- C 语言的基本数据类型

- 常量与变量

- 运算符与表达式

C 语言的基本数据类型

4.1 基本要点

程序的执行过程是一个对数据进行处理的过程。编写程序就是告诉计算机如何对数据进行处理。

计算机在处理数据前，首先要知道被处理的数据是些什么类型的数据。

比如下面这些数据：

```
255,1234567890;3.5,234567.333;'A','b';
```

一看就知道它们分别是整数、小数和字符，而且第一个整数比较短，第二个整数比较长；第一个小数的有效位数是 2 位，第二个小数的有效位数是 9 位；第一个字符是大写字母，第二个字符是小写字母。

计算机不会对这些数据进行分类，进行 C 语言编程时需要告诉计算机要处理的数据是整数、小数还是其他什么类型的数据。

C 语言的数据类型分为基本类型、构造类型、指针类型和空类型四大类，其中基本类型又分为整型、浮点型、字符型 3 种类型。现在只需要了解这 3 种基本类型中的一部分即可。

4.1.1 整型数据

整型数据就是整数。在 C 语言中，整型数据用关键字 int 声明。例如，要告诉计算机 a 是一个整型数据，就在 a 的前面加上一个关键字 int，即

```
int a;
```

这样计算机就会知道这是一个整数，然后用整型数据的指令对它进行处理。

整型根据数据的长短等又可以分为短整型、长整型等。这里了解整型的另外一种，即无符号长整型，因为它在后面的机器人编程学习中会用到。

声明无符号长整型的关键字为 unsigned long int，声明中后面的 int 可以省略不写，例如：

```
unsigned long a;
```

无符号长整型数据（unsigned long 类型）的取值范围比整型数据（int 类型）的取值范围大，

但不同开发环境下如果编译器不同，它们的取值范围会有差别。在一般情况下，只使用整型 int 即可。

4.1.2 浮点型数据

浮点型数据就是小数。所谓"浮点"，是指计算机存储小数时，小数点的位置不是固定的，而是可以浮动的。

声明浮点型数据的关键字有 float、double 等，其中：

float：单精度浮点数，有效位数为 6~7 位；

double：双精度浮点数。有效位数为 15~16 位。

例如，x、y 是 2 个浮点数，x = 12345.6 为 6 位有效数据，y = 1234567.8 为 8 位有效数据，声明这 2 个数据的类型时，x 用关键字 float 声明，而 y 必须用关键字 double 声明，即

```
float x;
double y;
```

现在，上机体验不同浮点型数据的精度范围。

```
/* 要点程序 C4_1 */
#include <stdio.h>
int main()
{
    float x;
    double y;
    x = 123456789.123;
    y = 123456789.123;
    printf("x = %f \n",x);
    printf("y = %f \n",y);
}
```

程序运行结果如图 4-1 所示。

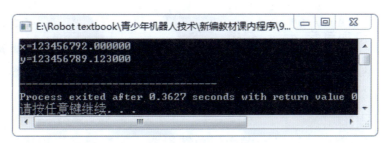

图 4-1 程序运行结果

运行结果中 x = 123456792.000000 是错误的，因为它超出了 float 类型的精度范围。

4.1.3 字符型数据

字符型数据是用一对单引号引起来的单个字符。如 'A'、'b'、'3' 等。

字符型数据用关键字 char 声明。例如，用 ch 表示一个字符型数据，则在它的前面用 char 声明，即

```
char ch;
```

字符型数据是怎样被存入计算机的呢？

计算机存储整型数据或浮点型数据是将它们转换成二进制后存储到存储单元的，如存储数据 9，计算机存储的是二进制数 1001。

因为计算机只能存储二进制数，所以可以规定用一个数码代表一个字符，这样问题就解决了。

例如用一个数码 65 表示字符 A，然后把 65 转化为二进制数 01000001 存入计算机的存储单元，这样就等于字符 A 存入了计算机。数码 65 叫作 ASCII 码。

在 ASCII 码中，大写字母 A～Z，小写字母 a～z，阿拉伯数字 0～9 都有对应的 ASCII 码，见表 4-1。

表 4-1 ASCII 码表（部分控制字符）

ASCII 值	48	49	50	51	52	53	54	55	56	57			
控制字符	0	1	2	3	4	5	6	7	8	9			
ASCII 值	65	66	67	68	69	70	71	72	73	74	75	76	77
控制字符	A	B	C	D	E	F	G	H	I	J	K	L	M
ASCII 值	78	79	80	81	82	83	84	85	86	87	88	89	90
控制字符	N	O	P	Q	R	S	T	U	V	W	X	Y	Z
ASCII 值	97	98	99	100	101	102	103	104	105	106	107	108	109
控制字符	a	b	c	d	e	f	g	h	i	j	k	l	m
ASCII 值	110	111	112	113	114	115	116	117	118	119	120	121	122
控制字符	n	o	p	q	r	s	t	u	v	w	x	y	z

可以用 printf( ) 函数输出单个字符的 ASCII 值。如输出小写字母 b 的 ASCII 值的代码如下：

```
/* 要点程序 C4_2 */
#include <stdio.h>
int main()
{
    char ch;
    ch = 'b';
    printf("a 的 ASCII 值:%d\n",ch);
}
```

程序中，printf( ) 函数输出的是 ASCII 值（整数），因此格式控制字符要用 "%d"。

程序运行结果如图 4-2 所示。

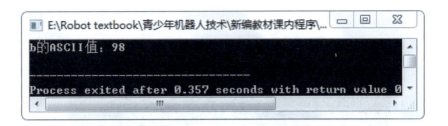

图 4-2 程序运行结果

4.2 应用示例

【示例 4-1】 有一个长方形如图 4-3 所示，长边的长度为 25 厘米，短边的长度为 13 厘米，它的面积是多少平方厘米？输出计算结果。

25 厘米

13 厘米

图 4-3 长方形

1. 确定数据类型

长方形的边长为整数，它的面积"长×宽"也是一个整数，因此在编写程序时要将边长和面积数据声明为整型数据（int）。但是，不能直接用 int 25、int 13 这样的表示方法，因为计算机不"认识"这样的语句。

这时为边长和面积分别取一个名字就行了。命名长边为 a，短边为 b，面积为 w，这样就可以用 int a，int b，int w 来声明它们的数据类型了。

2. 源代码

```
/* 示例程序 myC4_1 */
#include <stdio.h>
int main()
{
    int a;
    int b;
    int w;
    a = 25;
    b = 13;
    w = a * b;
    printf("w = %d 平方厘米 \n",w);
}
```

代码语句 w = a * b 即 w = a×b，星号"*"是乘号"×"在 C 语言中的表示形式。程序中两个数相乘必须用星号"*"而不能用乘号"×"。

3. 运行程序

示例 4-1 程序运行结果如图 4-4 所示。

图 4-4　示例 4-1 程序运行结果

【示例 4-2】　已知一个正方形的周长为 35 厘米，求这个正方形的边长是多少厘米并输出计算结果。

1. 确定数据类型

已知正方形的周长时，它的边长等于周长除以 4。

设正方形的周长为 s，边长为 a，则 a = s÷4。

这时 a 的值可能是整数，也可能是小数，在声明 a 的数据类型时要将 a 声明为小数，即浮点型数据（float a）。如果 a 是整数时则它不会影响计算结果，而如果 a 为小数而将它声明为整数则可能得出错误的计算结果。

2. 源代码

```
/* 示例程序 myC4_2 */
#include <stdio.h>
int main()
{
    float a;
    int s;
    s = 35;
    a = s/4.0;
    printf("正方形的边长 a = %f 厘米 \n",a);
}
```

语句 "a = s/4.0;" 说明如下。

（1）运算符 "/" 表示数学中的运算符 "÷"。

（2）a = s/4 为什么要写成 a = s/4.0 呢？因为 a 是浮点型数据，在算式 s/4 中被除数 s 和除数 4 必须至少有一个是浮点数。被除数 s 已被声明为整数（int），那么除数 4 就要改写为小数形式 4.0，否则会得出错误的计算结果。

3. 运行程序

示例 4-2 程序运行结果如图 4-5 所示。

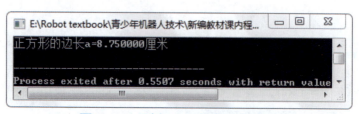

图 4-5　示例 4-2 程序运行结果

运行结果显示 a = 8.750000 厘米，实际上这个结果没有必要精确到小数点后 6 位，只要精确到小数点后 1 位即毫米精度即可。

这时，用附加格式说明符 ".n" 控制小数点后的输出位数，计算机输出结果时，第 n 位后的小数四舍五入，即

```
printf("% .nf \n",w);
```

如将正方形边长的值精确到小数点后 1 位，".n" 为 ".1"，将代码中的语句 "printf ("正方形的边长 a = % f 厘米\n",a)" 修改为

```
printf("正方形的边长 a = % .1f 厘米 \n",a)
```

再次运行程序，结果如图 4 - 6 所示。

图 4 - 6　示例 4 - 2 程序修改后的运行结果

4.3　编程实训

【实训 4 - 1】　如图 4 - 7 所示，有 2 个相互传动的齿轮，大齿轮有 40 齿，小齿轮有 16 齿，大齿轮的转速为 60 转/分钟，计算：小齿轮的转速是多少？小齿轮转 1 圈时大齿轮转多少圈？

1. 确定数据类型

1）计算方法

命名大齿轮的转速为 v1，小齿轮的转速为 v2，小齿轮转 1 圈时大齿轮转动的圈数为 n，则 v1 = 60，v2 = 40/16 * v1，n = 16/40。

图 4 - 7　实训 4 - 1 图

2）声明数据类型

从上面的算式可以看出，v1 为整数，v2、n 可能为小数，将它们的数据类型声明为 int v1，float v2，float n。

2. 源代码

```
/* 实训程序 protect4_1 */
#include < stdio.h >
int main()
{
    int v1;
    float v2;
    float n;
    v1 = 60;
    v2 = 40.0 /16 * v1;
```

```
    n =16.0/40;
    printf("小齿轮的速度是% .2f 转/分钟 \n",v2);
    printf(" \n");                    //打印空行
    printf("小齿轮转 1 圈,大齿轮转% .2f 圈 \n",n);
}
```

注意，在语句

```
v2 =40.0/16 * v1;
n =16.0/40;
```

中，如果整数40、16不写为小数形式，计算结果会出现错误，同学们可以检验一下。

printf(" \n")是一条空行语句，有时用空行语句可以对输出的内容进行分块，使程序更加清晰。

3. 运行程序

实训4－1程序运行结果如图4－8所示。

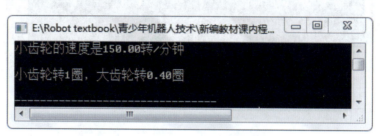

图4－8　实训4－1程序运行结果

课后思考

1. 分别说说什么是整型数据、浮点型数据和字符型数据。

2. 下面的每个字母代表一种数据，在每个字母前的横线"＿＿"上填上它的数据类型。

＿＿＿＿＿＿ a(a =23. 3)　　　　　　＿＿＿＿＿＿ b(b =106)

＿＿＿＿＿＿ c(c = a/b)　　　　　　＿＿＿＿＿＿ d(d = 13.7/5)

＿＿＿＿＿＿ e(e = '8 ')　　　　　　＿＿＿＿＿＿ f(f = 't ')

3. 下面的格式输出语句在程序执行结束后输出的数据是什么类型？把答案填在后面的括号中。

printf(" % d",x);　　　　　　　　　（　　　）

printf(" x = % d,y = % d,z = % d",x,y,z);　（　　　）

printf(" s = % f",s);　　　　　　　　（　　　）

printf(" % .3f",t);　　　　　　　　　（　　　）

4. 下面的程序中有 2 处错误，请把它们指出来并改正。

```
#include <stdio.h>
```

```
int main()
{
    int x;
    float y;
  printf("请输入一个整数 x:");
  scanf("%d", x);
  y = x/5;
    printf("y = %f \n",y);
}
```

第 5 课

常量与变量

5.1 基本要点

5.1.1 常量

常量是在计算机运行过程中，其值不发生变化的量。

在 C 语言中，常量分为符号常量和直接常量。这里只了解什么是直接常量。

直接常量是指直接用数值表示的量。我们会经常接触的直接常量如下。

（1）整型常量，如 3，15 等十进制数常量；

（2）实型常量，如 0.6，3.14，120.5 等浮点数常量；

（3）字符常量，如 'A'，'b'，'t' 等用 ASCII 值表示的字符常量。

上面各种类型的常量，它们在程序运行过程中无论什么时候都不会发生值的变化，如图 5 - 1 所示。

```
[*] C5_1.c
 1      /* 要点程序C5_1 */
 2      #include<stdio.h>
 3      main()
 4    { {
 5          int a;
 6          int b;
 7          b=100;
 8          a=b+3;
 9          printf("a=%d\n",a);
10          a=b-3;
11          printf("a=%d\n",a);
12      }
```

图 5 - 1 程序运行中的常量

在图 5 - 1 中，第 8 行 a = b + 3 和第 10 行 a = b - 3，虽然它们的语句位置发生了变化，但是 "3" 始终是 3，不会随着程序运行过程而改变。

5.1.2 变量

变量是指在程序的运行过程中，其值可以改变的量。

如图 5 – 1 所示，第 8 行语句 a = b + 3 和第 10 行语句 a = b – 3，在程序的运行过程中 a 的值发生了变化，程序执行到第 8 行指令时 a = 103，程序执行到第 10 行指令时 a = 97，如图 5 – 2 所示。

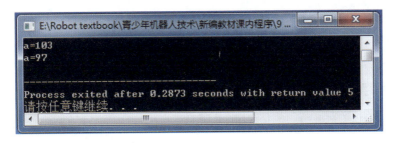

图 5 – 2　a 的值在程序运行过程中的变化情况

这种在程序运行过程中可以改变的量叫作变量。如果使用一个变量如 a，计算机就会在存储区为 a 开辟一个存储单元，将 a 的值存储到这个存储单元中。a 是这个存储单元的地址，如图 5 – 3 所示。

图 5 – 3　变量存储示意

例如，新学期开学了，同学们报到后老师会在教室中为同学们安排课桌。这时图 5 – 3 中的"变量地址"就相当于课桌，"数据"就相当于坐这张课桌的同学，如图 5 – 4 所示。每年开学后这张课桌都不会变，而坐这张课桌的同学可能不断地发生变化。

图 5 – 4　变量 student_i 的地址与数据（对象）

1. 变量名

变量名是一个变量的名字。要使用一个变量，首先必须给这个变量取一个名字。

如求 1 + 2 + 3 + ⋯ + 100，从 1 开始每加一项这个和都在改变，因此计算过程中的"和"是一个变量，可以给这个变量取一个名字 sum，于是

$$sum = 1 + 2 + 3 + ⋯ + 100$$

sum 就是一个变量名。

变量名是 C 语言标识符的一种。按照 C 语言的规则，变量名只能使用字母、数字和下划线，而且必须以字母或下划线开头。

下面的变量名是正确的：

a、t1、sum、student_i、_123、st_

下面的变量名是不合法的：

3a	不能以数字开头;
m – student	使用了不合法的字符 " – ";
sum 100	使用了空格;
int	使用了 C 语言中的关键字 int。

C 语言中变量名区分大小写。如 A 和 a 是两个不同的变量，sum 和 Sum 也是两个不同的变量。

注意：变量命名要尽量做到与变量的含义贴近，以便于理解。例如，统计分数时，可以将代表分数的变量命名为 score（英语）或 fenshu（拼音）。

2. 变量的声明

在使用变量前必须先对它进行声明。如果一个变量没有被声明则它是无法使用的。声明的作用在于计算机给这个变量事先安排一个存储单元（地址）和存储类型。

例如，学生到学校读书必须先报到，报到后学校把学生安排到某个年级的某个教室，接下来才可以开始学习。

声明变量的格式为

变量类型　变量名表;

变量类型：为 C 语言的数据类型，如 int、float、double、char 等。

变量名表：数据类型相同的多个变量名，各个变量名之间用逗号隔开，如变量 a 和 number 这两个变量用逗号隔开。

例如，变量 a、number 为整型数据，变量 s、score、max 为浮点型数据，声明这些变量的语句如下：

```
int a,number;
float s,score,max;
```

注意，由于变量必须遵循"先声明后使用"的原则，所以变量的声明一般放在程序的首部或函数体的开头位置。

例如，a = 15，s = 7.3，计算 a 与 s 的商是多少。

变量 a 为整型数据（int），变量 s 为浮点型数据（float），命名变量"商"为 shang，程序代码如下。

```
/* 要点程序 C5_1 */
#include < stdio.h >
main()
{
    int a;              //在函数体的开头声明变量 a
    float s,shang;      //在函数体的开头声明变量 s,shang
    a = 15,s = 3.7;         //使用变量 a,s
    shang = a/s;           //使用变量 shang
    printf("商 = % .1f",shang);
}
```

3. 变量的初始化

声明变量时为这个变量赋值叫作变量的初始化。变量的初始化的一般形式为

变量类型　变量名＝初值；

例如，为变量 day 赋初值：

```
int day =21;
```

语句中"21"为变量 day 的初值，即将变量 day 初始化为 21。如果对程序 C5_1 中的变量进行初始化，程序代码变成如下所示。

```
/* C5_1 初始化变量后的代码 */
#include <stdio.h>
main()
{
    int a =15;                      //初始化变量 a
    float s =3.7,shang;             //初始化变量 s
    shang = a /s;
    printf("商 =% .1f",shang);
}
```

5.2　应用示例

【示例 5-1】　计算平均成绩，从键盘分别输入语文成绩、数学成绩、体育成绩，然后计算 3 门课程的平均成绩并输出结果。

1. 变量命名与变量声明

1）命名变量

yu 为语文成绩变量；

shu 为数学成绩变量；

ti 为体育成绩变量；

pingjun 为平均成绩变量。

2）声明变量

将变量声明语句放在 main( ) 函数体的首部，4 个变量都有可能是小数，因此将它们定义为浮点型数据（float）。

2. 源代码

```
/* 示例程序 myC5 -1 */
#include <stdio.h>
main()
{
    float yu,shu,ti,pingjun;          //声明变量
                          //空行将声明语句与输入语句分开
    printf("请输入语文成绩:\n");        //提示输入课程成绩
    scanf("%f",&yu);
    printf("请输入数学成绩:\n");
    scanf("%f",&shu);
    printf("请输入体育成绩:\n");
```

```
    scanf("%f",&ti);
                      //空行将输入语句与计算打印结果分开
    pingjun = (yu + shu + ti)/3;
    printf("pingjun = %.2f\n",pingjun);
}
```

在源程序中，每输入一门课程的成绩就在屏幕上提示一次，这是为了避免输入课程成绩时发生错误。当然也可以只提示一次，例如：

```
… …
printf("请输入语文、数学、体育成绩：\n");
scanf("%f %f %f",&yu,&shu,&ti);
… …
```

3. 运行程序

示例 5 - 1 程序运行结果如图 5 - 5 所示。

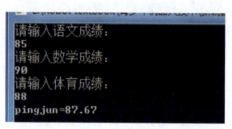

图 5 - 5　示例 5 - 1 程序运行结果

5.3　编程实训

【实训 5 - 1】　猫捉老鼠，老鼠以每秒 0.3 米的速度拼命逃跑，假设猫从相距老鼠 5 米处沿着老鼠逃跑的路线以每秒 1.4 米的速度追赶，编程计算猫多长时间后捉到老鼠。

1. 声明变量并初始化

这是一个根据"路程 = 速度 × 时间"的计算问题，即 $s = v \times t$。

命名猫与老鼠初始相距的路程变量为 $s0$，猫的速度变量为 $v1$，老鼠的速度变量为 $v2$，时间变量为 t。这些变量除 $s0$ 为整型数据外，其余都属于浮点型数据。

因此，变量的声明与初始化为

```
int s0 = 5;
float t,v1 = 1.4,v2 = 0.3;
```

怎样计算猫用了多长时间捉住老鼠呢？

可以分析得到，猫从追赶到捉住老鼠的时间 t 与老鼠开始逃跑到被捉住的时间 t 是相等的，但是它们的速度和跑过的路程都不相等。这怎么办呢？

其实问题也很好解决。

进一步分析，猫能追上老鼠是因为猫的速度比老鼠的速度高，高多少呢？$v1 - v2 = 1.1$，猫用这个快 1.1 米/秒的速度在时间 t 中比老鼠多跑了 5 米。根据公式 $s = v \times t$ 可以得到

$$t = s \div v \text{（时间 = 路程 ÷ 速度）}$$

即猫捉到老鼠的时间为

$$t = s0 / (v1 - v2)$$

2. 源代码

```
/* 实训程序 myProject5_1 */
#include < stdio.h >
main()
{
    int s0 = 5;                    //声明整型变量并初始化
    float t,v1 = 1.4,v2 = 0.3;    //声明浮点型变量并部分初始化
    t = s0 /(v1 - v2);
    printf("猫捉住老鼠用了% .1f 秒的时间 \n",t);
}
```

注意，源程序中声明变量 t 时也可以初始化，一般初始化为 0，把它叫作对变量 t 事先清零。这样，原来的声明语句可以变为

```
float t = 0,v1 = 1.4,v2 = 0.3;
```

3. 运行程序

实训 5 - 1 程序运行结果如图 5 - 6 所示。

图 5 - 6　实训 5 - 1 程序运行结果

附：实训 5_1 求时间 t 的另一种分析方法。

（1）计算猫与老鼠在时间 t 内跑过的路程。猫跑过的路程为 v1 × t，老鼠跑过的路程为 v2 × t。

（2）猫跑的路程比老鼠跑的路程多 5 米，即 1.4t - 0.3t = 5。

（3）计算 t。

由 1.4t - 0.3t = 5 得 1.1t = 5，等式两边同时除以 1.1，得到 t = 4.5 秒。

课后思考

1. 什么是常量？举例说明。

2. 什么是变量？

3*. a 是一个变量，当 a = 3 变成 a = 4 时，a 的什么没有发生变化？a 的什么发生了变化？

4. 变量的命名有哪些规则？

5. 下面的变量名哪些是合法的？哪些是不合法的？在后面的括号中打"√"或打"×"。

aF	( )	T_	( )	float	( )
Float	( )	_023	( )	1_23	( )
_5student	( )	YUWEN	( )	shu xue	( )

6. 变量的使用原则是什么？声明变量时一般把相应语句放在什么位置？

7. 一个长方形的两条边的长度分别为 60 厘米、31.5 厘米，编程计算这个长方形的面积并输出结果。

第6课　运算符与表达式（一）

6.1　基本要点

运算符是对运算对象按一定规则进行运算操作的符号。C 语言有丰富的运算符。从现在开始，重点学习与了解算术运算符、自增自减运算符、赋值运算符、关系运算符及逻辑运算符等。

由运算符和运算对象构成的式子称为"表达式"。运算对象可以是常量、变量或函数，单个的常量、变量和函数有时也可以看作表达式。

6.1.1　算术运算符与算术表达式

1. 算术运算符

算术运算符包括 + 、 − 、 * 、 / 、% 共 5 种。

算术运算符的优先级即运算规则与数学上的规定相同，即先乘除后加减。前 4 种算术运算符我们已经很熟悉了，这里主要认识与了解 "%" 运算符。

运算符 "%" 叫作模运算符，又称为求余运算符。它是求两个数相除的余数。

例如，求 5 除以 3 的余数，用模运算符对 5 和 3 两个操作数进行运算，其表达式为

```
5%3=2
```

即 5 除以 3 的余数为 2。

注意，模运算符只能对两个整数进行运算，不能对小数或其他类型数据进行运算。

例如，求 137%15 的余数是多少。

程序代码如下。

```
/* 要点程序 C6_1 */
#include<stdio.h>
main()
{
    int a;
    a=5%3;
    printf("余数为:%d\n",a);
}
```

运算结果如图 6 - 1 所示。

E:\Robot textbook\青少年机器人技术\新编教材课内程序\9...
余数为：2

Process exited after 0.4336 seconds with return value 1

图 6 - 1　运算结果

2. 算术表达式

用算术运算符和括号将运算对象连接起来的符合 C 语言语法规则的式子称为算术表达式。运算对象包括常量、变量、函数等。

例如：

```
a + b / c - 3 * ( b + 'a' % 5 )
```

6.1.2　自增自减运算符

自增运算符" ++ "，它的功能是每运行一次变量的值自动加 1；

自减运算符" -- "，它的功能是每运行一次变量的值自动减 1。

例如，程序执行下面的语句后，i 的值变成 2。

```
i = 1;
i ++;
```

注意，自增自减运算符只能应用于变量，不能应用于常量或表达式。

计算当 a = 10，程序执行 a ++ 后的值是多少。

程序代码如下。

```
/* 要点程序 C6_2 */
#include < stdio.h >
main()
{
    int a,b;
    a = 100;
    b = 100;
    a ++;                //a ++ 语句执行后变量 a 加 1
    b --;                //b -- 语句执行后变量 b 减 1
    printf("a = %d \n",a);
    printf("b = %d \n",b);
}
```

运算结果如图 6 - 2 所示。

图 6 - 2 　运算结果

6.1.3 赋值运算符与赋值表达式

1. 赋值运算符

赋值运算符" = "，它的作用是将一个表达式的值赋值给一个变量。例如：

```
a = 9;
```

是将右边的 9 通过赋值运算符" = "赋给左边的变量 a。注意，在 C 语言中不能将它视为"a 等于 9"，它的意义是将一个整数 9 存入计算机为变量 a 开辟的一个存储单元，如图 6 - 3 所示。

图 6 - 3 　赋值运算示意

2. 赋值表达式

用赋值运算符将一个变量和一个表达式连接起来的式子，叫作赋值表达式。赋值表达式的格式为

```
变量名 = 表达式
```

下面的赋值表达式都是合法的：

```
a = 10，
b = 3 + x/2，
sum = 1 + 2 + 3 + 4 + 5，
_A0 = 15 * y - a%3。
```

其实，对于赋值表达式我们早就熟悉了。例如，初始化一个变量 a = 15，计算平均成绩 pingjun = (yu + shu + ti)/3 等都是赋值表达式。

3. 复合赋值运算符

赋值运算符" = "左边加上其他运算符构成复合赋值运算符。C 语言提供了 10 种复合赋值运算符，这里主要了解赋值运算符" = "与算术运算符" + "结合构成的复合赋值运算符，即" += "运算符。

例如，x += 3 称为复合赋值表达式。

x +=3 是什么意思呢？实际上，它等价于 x = x +3。

可以把 x +=3 看成由 x = x +3 改写而来的，改写过程如图 6 –4 所示。

图 6 –4　x +=3 等价表达式示意

可以根据图 6 –4 所示的方法，将赋值表达式 x = y + x + 10 改写成复合赋值表达式 x += y + 10，如图 6 –5 所示。

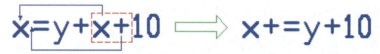

图 6 –5　改写赋值表达式

现在上机验证 x +=3 与 x = x +3 的等价性，设 x 的初值为 15。

1）用复合赋值表达式计算

```
/* 要点程序 C6_3 */
#include < stdio.h >
main()
{
    int x =15;      //初始化 x 为 15
    x +=3;          //用复合赋值运算符计算 x 的值
    printf("复合赋值表达式:x =%d\n",x);
}
```

程序运行结果如图 6 –6 所示。

图 6 –6　程序运行结果（用复合赋值表达式计算）

2）用赋值表达式计算

```
/* 要点程序 C6_4 */
#include < stdio.h >
main()
{
    int x =15;      //初始化 x 为 15
    x = x +3;        //用赋值运算符计算 x 的值
    printf("赋值表达式:x =%d\n",x);
}
```

程序运行结果如图 6 – 7 所示。

图 6 – 7　程序运行结果（用赋值表达式计算）

6.2　应用示例

【示例 6 – 1】　从键盘任意输入 3 个整数，用复合赋值运算符计算它们的和是多少。

1. 声明变量

在 main( ) 函数体首部声明变量 x、sum。变量 x 用于存储从键盘输入的整型数据，sum 用于累加从键盘输入的数据。它们均为整型数据。

2. 源代码

```
/* 示例程序 myC6_1 */
#include <stdio.h>
main()
{
    int x,sum = 0;      //将累加变量 sum 初始化为 0

    printf("请输入一个整数 x:");
    scanf("%d",&x);
    sum += x;          /*从键盘第一次输入的值存入累加变量
                        sum += x 等价于 sum = sum + x */
    printf("请输入一个整数 x:");
    scanf("%d",&x);
    sum += x;          //从键盘第二次输入的值存入累加变量

    printf("请输入一个整数 x:");
    scanf("%d",&x);
    sum += x;          //从键盘第三次输入的值存入累加变量

    printf("sum = %d \n",sum);
}
```

3. 运行程序

从键盘输入 3，6，9，示例 6 – 1 程序运行结果如图 6 – 8 所示。

图 6 – 8　示例 6 – 1 程序运行结果

【示例6-2】 在示例6-1的源程序中，将"任意输入3个整数"改为"任意输入3个数"，并增加功能：①统计从键盘输入的数的个数；②计算它们的平均数。

1. 声明变量

将示例6-1程序中的变量声明"int x，sum =0"修改为"float x，sum =0"。

增加一个统计输入数据个数的变量i，用自增运算符对变量i进行自增运算，即i++。每输入一个数后变量i的值加1。

2. 源代码

```
/* 示例程序 myC6_2 */
#include <stdio.h>
main()
{
    int i =0;                       //为累加变量 i 赋初值 0
    float x,sum =0,average =0;      //将平均数变量
                                    //average 赋初值 0
    printf("请输入一个数 x:");
    scanf("%f",&x);
    sum += x;
    i ++;                           //输入第一个数 i 加 1 即 0 +1

    printf("请输入一个数 x:");
    scanf("%f",&x);
    sum += x;
    i ++;                           //输入第二个数 i 加 1 即 1 +1

    printf("请输入一个数 x:");
    scanf("%f",&x);
    sum += x;
    i ++;                           //输入第三个数 i 加 1 即 2 +1

    average = sum /i;
    printf("i =%d,average =%f \n",i,average);
}
```

3. 运行程序

从键盘输入5，7.2，11，示例6-2程序运行结果如图6-9所示。

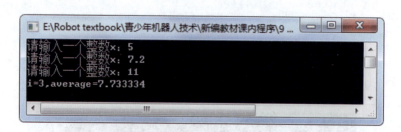

图6-9 示例6-2程序运行结果

6.3 编程实训

【实训 6-1】 n 是一个两位数的整数，将它的个位数和十位数分解出来，再求个位数与十位数的和。如 16 的个位数为 6，十位数为 1，其和 1+6=7。

1. 声明变量

需要声明的变量如下。

n 为两位数的整型变量；

ge 为个位数变量；

shi 为十位数变量；

he 为和的变量。

2. 列出分解的赋值表达式

分解整数 n 各位的数，实际上是一个如何列出赋值表达式的问题。列出赋值表达式的过程有助于我们复习整除、求余数、算术表达式、赋值表达式等多方面的知识要点。

1) 分解个位数

如果一个整数被 10 除，它的余数是一个个位数。例如，12 除以 10 余数为 2，123 除以 10 余数为 3。用模运算符"%"求 n%10，就将个位数分解出来了。

于是，可以得到分解个位数的赋值表达式：

```
ge = n% 10
```

2) 分解十位数

如果一个整数被 10 整除，它的结果仍然是整数，即它舍去了余数。例如，12/10=1.2，取整后得到的结果为 1。只要把数据类型定义为整型（int），计算机就会自动取整。

于是，可以得到分解十位数的赋值表达式：

```
shi = n/10
```

个位数与十位数分解后求它们的和就很容易了。现在，分解一个两位数 16 的各位数。

3. 源代码

```
/* 实训程序 myProject6_1 */
#include <stdio.h>
main()
{
    int n,ge,shi,he;
    n = 16;
    ge = n% 10;            //分解个位的数
    shi = n/10;            //分解十位的数
    he = ge + shi;         //计算个位与十位数的和
    printf("各位数的和 = %d\n",he);
}
```

实训 6-1 程序运行结果如图 6-10 所示。

图 6-10　实训 6-1 程序运行结果

课后思考

1. 说说什么是运算符，什么是表达式。

2. 将算式 13 + 50 ÷ 2 - 3x6 用算术表达式书写出来。

3. 下面的表达式分别是算术表达式、赋值表达式还是复合赋值表达式？将答案填写在它们后面的括号中。

　(1) a/3 + 5 + 'm'　　　　　　(　　　　　　)

　(2) x = 125 * 3　　　　　　　(　　　　　　)

　(3) y += a　　　　　　　　　(　　　　　　)

　(4) y += (a + b)/15 + a * (b - 2)　(　　　　　　)

4. 不上机，分析下面的程序运行结束后，输出的变量 k 的值是多少。

```c
#include < stdio.h >
main()
{
    int k = 12;
    k ++;
    k ++;
    k ++;
    printf("k 的值:%d \n",k);
}
```

5. a 的初值为 7，程序执行语句 "a += 3;" 后 a 的值是多少？

6. 编写程序，分解整数 329 的个位数和百位数，并输出分解结果。

第7课

运算符与表达式（二）

7.1 基本要点

7.1.1 关系运算符与关系表达式

1. 关系运算符

关系运算符是用于对两个操作对象进行比较的一种运算符。关系运算符又称为比较运算符。它通过比较来判断两个操作对象是否存在一定的关系。

C 语言中的关系运算符共有 6 种，见表 7-1。

表 7-1　C 语言中的关系运算符

>=	大于等于	a >= b（如 100 >= 2，2 >= 2）
>	大于	3 > 2
<=	小于等于	x <= y（如 10 <= 100，10 <= 10）
<	小于	5 < 8
==	等于	5 == 5
!=	不等于	1 != 0

"等于"关系运算符"=="相当于数学中的等号"="。在 C 语言程序中，等号"="是一个赋值运算符，如果要表示"a 等于 b"不能书写成"a = b"，而要书写成"a == b"。

2. 关系表达式

用关系运算符将两个表达式连接起来的式子，称为关系表达式。关系运算符的操作对象可以是 C 语言中任意合法的表达式。

下列用关系运算符连接的式子都是关系表达式：

a >= 5

a + b < 2 * (3 + c % 6)

x == 1

x! = 1

关系表达式的值是一个逻辑值，即"真"和"假"。一个关系表达式所表达的关系如果成立，则这个关系表达式的值（运算结果）为"真"；如果不成立，则这个关系表达式的值为"假"。

在 C 语言中，用 0 表示"假"；用非 0 的数表示"真"，通常用 1 表示"真"。

例如，当 a 等于 6 时，判断关系表达式 a > 5 是否成立。

将 a 的值代入 a > 5，即 6 > 5，关系表达式成立，它的值（运算结果）为"真"，如果用数字表示则为 1。

又如，当 a 等于 3 时，关系表达式 a > 5 为 3 > 5，它的值为"假"，用数字表示则为 0。

上机判断关系表达式 a == b – 1 是否成立（a = 10，b = 7）。

程序代码如下。

```
/* 要点程序C7_1 */
#include<stdio.h>
main()
{
    int a=10,b=7;
    int c;              //变量c用于存储关系表达式的值
    c=a==b-1;    //将关系表达式的运算结果赋给变量c
    printf("关系表达式的值:%d",c);
}
```

在语句"c = a == b – 1"中，第一个运算符" = "为赋值运算符，计算机先计算关系表达式 a == b – 1 的值，然后赋给变量 c；第二个运算符" == "为关系运算符，它判断 a 是否等于 b – 1。

运算结果如图 7 – 1 所示。

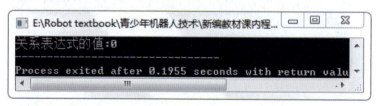

图 7 – 1　运算结果

7.1.2　逻辑运算符与逻辑表达式

1. 逻辑运算符

逻辑运算符是用于逻辑运算的一种运算符。C 语言中的逻辑运算符共有 3 种，见表 7 – 2。

表 7 – 2　C 语言中的逻辑运算符

&&	逻辑与	如 a&&b，为 a 与 b 的逻辑与
‖	逻辑或	如 a‖b，为 a 与 b 的逻辑或
!	逻辑非	如 !a，为 a 的逻辑非

2. 逻辑表达式

用逻辑运算符将表达式连接起来的式子，称为逻辑表达式。逻辑表达式中的操作对象可以是

C 语言中任意合法的表达式。

逻辑表达式的运算结果和关系表达式的运算结果一样，只有"真"和"假"，即"1"和"0"。

1）逻辑与表达式

逻辑与表达式的操作数有 2 个，用逻辑与运算符"&&"连接，即

（表达式 1）&&（表达式 2）

当表达式 1 和表达式 2 都为"真"时，逻辑表达式的值为"真"；当 2 个表达式中有 1 个表达式为"假"时，逻辑表达式的值为"假"。

例如，a = 2，（a > 1）&&（a < 3）的值为"真"。

将逻辑表达式中的 a 用 2 代入后，表达式 1 即 2 > 1 为"真"，表达式 2 即 2 < 3 为"真"，最后运算结果为"真 && 真"。因此，逻辑表达式（a > 1）&&（a < 3）的值为"真"。

又如，x = 7，y = 15，（x < y）&&（x + y == 10）的值为"假"，即运算结果为 0。

程序代码如下。

```
/* 要点程序 C7_2 */
#include<stdio.h>
main()
{
    int x=7,y=15,z;
    z=(x<y)&&(x+y==10);
    printf("(x<y)&&(x+y==10)的值:%d",z);
}
```

运算结果如图 7 – 2 所示。

图 7 – 2 运算结果

2）逻辑或表达式

逻辑或表达式的操作数有 2 个，用逻辑或运算符" ‖ "连接，即

（表达式 1）‖（表达式 2）

在表达式 1 和表达式 2 中，任意 1 个表达式为"真"时，逻辑或表达式的值为"真"，只有 2 个表达式都为"假"时，逻辑或表达式的值才为"假"。

例如，0 ‖ 13 的值为"真"。

逻辑表达式左边的表达式 1 是 0 即"假"，右边的表达式 2 是 13 即"真"，因此 0 ‖ 13 的值为"真"。

又如，x = 6，y = 3，（x + 1 >= 9）‖（y < 2）的值为"假"即 0。

程序代码如下。

```
/* 要点程序 C7_3 */
#include<stdio.h>
main()
{
    int x=6,y=3,z;
    z=(x+1>=9)||(y<2);
    printf("(x+1>=9)||(y<2)的值:%d",z);
}
```

运算结果如图 7-3 所示。

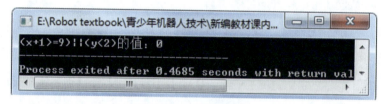

图 7-3　运算结果

3）逻辑非表达式

逻辑非表达式只有 1 个操作数，逻辑非运算符"！"放在操作的左边，即

!(表达式1)

如果表达式 1 为"真"，则逻辑非运算结果为"假"；如果表达式 1 为"假"，则逻辑非运算结果为"真"。逻辑非表达式的值总是与表达式 1 的值相反。

例如，!0 的值为"真"。

在逻辑非表达式"!0"中，表达式 1 是 0 即"假"，因此逻辑非表达式的值为"真"。

又如，x=10，y=30，!(x+5>y)的值为"真"即 1。

程序代码如下。

```
/* 要点程序 C7_4 */
#include<stdio.h>
main()
{
    int x=10,y=30,z;
    z=!(x+5>y);
    printf("!(x+5>y)的值:%d",z);
}
```

运算结果如图 7-4 所示。

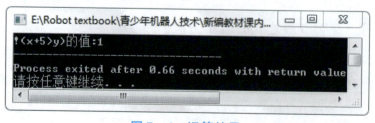

图 7-4　运算结果

7.2 应用示例

【示例7−1】 不上机，计算下列逻辑表达式的值，其中 a＝5，b＝6（逻辑值用1或0表示）。

（1） a＋b&&b==6；

（2） b−a>0‖a＋b<0；

（3） !（a‖b<6）。

将 a＝5，b＝6 的值分别代入上面的逻辑表达式，然后计算它们的逻辑值。

逻辑表达式（1）：

a＋b&&b==6

5＋5&&6==6

10&&6==6 即"真"&&"真"，逻辑值为1。

逻辑表达式（2）：

b−a>0‖a＋b<0

6−5>0‖5＋6<0

1>0‖11<0 即"真" ‖ "假"，逻辑值为1。

逻辑表达式（3）

!（a‖b<6）

!（5‖6<6）

!（"真"‖"假"） 即!（"真"），逻辑值为0。

【示例7−2】 编程计算逻辑表达式!（（a＋b）＋c−1）&&b＋c/2 的值，a＝3，b＝4，c＝5。

1. 源代码

```
/* 示例程序 myC7_1 */
#include<stdio.h>
main()
{
    int a＝3,b＝4,c＝5,d;
    d＝!（（a＋b）＋c−1）&&b＋c/2;
    printt("逻辑表达式的值:%d",d);
}
```

2. 运行程序

示例7−2 程序运行结果如图7−5所示。

图7−5 示例7−2程序运行结果

7.3 编程实训

【**实训7-1**】 避障机器人用超声波传感器探测前方的障碍物,用灰度传感器探测路面的灰度。当避障机器人离障碍物的距离小于等于50厘米时停止前进;当灰度值大于等于110并小于130时避障机器人停止前进。从键盘输入不同的距离和灰度值,让避障机器人判断是前进还是停止前进(判断结果为0时表示停止,为1时表示前进)。

1. 声明变量

要让避障机器人判断是前进还是停止,需要知道它与障碍物的距离,应声明距离变量"int d";要知道灰度值,应声明变量"int g";还需要声明一个存储判断结果的变量,定义为"int value"。

2. 逻辑表达式

避障机器人前进和停止的判断条件,实际上是一个逻辑表达式。避障机器人通过控制系统计算这个逻辑表达式,然后根据逻辑表达式的值做出决定。

因此,关键是写出这个逻辑表达式。根据避障机器人的避障要求,判断的条件如下。

(1)如果距离d大于等于50厘米,而且灰度值g小于110或大于等于130,则避障机器人前进;

(2)如果距离d大于等于50厘米,但是灰度值g大于等于110或小于130,则避障机器人停止;

(3)如果灰度值g小于110或大于等于130,但是距离d小于50厘米,则避障机器人停止。

上面的3个条件实际上是一个逻辑与表达式,即

$$d >= 50\ \&\&(g < 110 \parallel g >= 130)$$

3. 源代码

现在,用格式输入函数代替超声波传感器和灰度传感器。程序代码如下。

```
/* 实训程序 myproject7_1 */
#include < stdio.h >
main()
{
    int d,g,value;
    printf("请输入距离 d:");
    scanf("%d",&d);              //前方障碍物信息
    printf("请输入灰度值 g:");
    scanf("%d",&g);              //路面灰度信息
    value = d >= 50 &&(g < 110 || g >= 130);
    printf("选择(前进 1/停止 0):% d\n",value);
}
```

4. 运行程序

从键盘输入障碍物距离60,路面灰度值135,程序运行结果为1。避障机器人接收到前方障

碍物的信息与路面灰度信息后，经过对逻辑表达式 50 &&（g < 110 ‖ g >= 130）进行逻辑运算，根据运算结果选择继续前进。

实训 7 – 1 程序运行结果如图 7 – 6 所示。

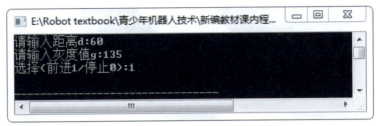

图 7 – 6　实训 7 – 1 程序运行结果

课后思考

1. 什么是关系表达式和逻辑表达式？

2. 将下面表达式的值填写在后面的括号中（a = 5，b = 8）。

a < = 5　　　　　　　（　　　　　）

2 * a – 1 == b + 1　（　　　　　）

a + b ‖ a – b/2 – 1　（　　　　　）

! a&&b ‖（a < b ‖ b）（　　　　　）

3. 有 2 根长度相同的线段分别构成一个边长 a = 3，b = 8 的长方形和边长 c = 5.5 的正方形。写出长方形和正方形的关系表达式，并写出表达式的值。

（1）长方形和正方形的面积关系；

（2）长方形和正方形的周长关系。

第 3 单元
C 语言程序的基本结构

- 结构化程序的概念
- 顺序结构程序
- 选择结构程序
- 循环结构程序

结构化程序与顺序结构

8.1 基本要点

8.1.1 结构化程序设计的概念

所谓结构，是指事物自身各种要素之间的相互关联和相互作用的方式。例如，一辆变速自行车是由车架、变速器、脚踏板等许多构件构成的，这些构件是变速自行车整体结构的一部分，它们之间既相互联系又相互作用，如图 8 – 1 所示。

图 8 – 1　变速自行车

像制造自行车一样，采用某种结构进行程序设计的方式叫作结构化程序设计。结构化程序设计方法要遵循一定的原则，其中最主要的原则之一是"模块化"原则。

"模块化"就是将一个大任务分成若干个较小的部分，每一部分承担一定的功能，称为"功能模块"。每个功能模块可以分开编程和调试，然后组合成一个完整的程序。

结构化程序设计可以将一个复杂的程序设计分解成多个相对独立的功能模块，即子程序，以便于程序的开发和维护，提高程序开发效率。

8.1.2　C语言程序的3种基本结构

C语言是一种结构化的程序语言。C语言结构化程序设计主要采用顺序结构、选择结构和循环结构 3 种基本结构。

结构化程序是只由 3 种基本结构构成的程序。

1. 顺序结构

顺序结构是按语句书写的顺序，从上往下依次逐条语句地执行程序，如图 8 – 2 所示。

```
/* 顺序结构程序 */
#include<stdio.h>
main()
{
  int a,b,c;        ·················
  a=3,b=10;         ·················        从
  c=a+b;            ·················        上
  printf("c=%d",c); ············             往
                                             下
}
```

图 8 – 2　顺序结构程序执行过程示意

2. 选择结构

选择结构也称为分支结构。选择结构根据给定的条件进行判断，根据判断结果决定执行或不执行哪些操作，如图 8 – 3 所示。

```
/* 选择结构程序 */
#include<stdio.h>
main()
{
  int a,b,c;
  a=3,b=10;
  if(a<b)          //判断 a 是否小于 b，本例中 a=3 小于
  {                //b=10，所以程序只执行下面的语句即
    c=a+b;         //c=a+b
  }
  if(a>b)          //判断 a 是否大于 b，判断结果为假，跳过
  {                //下面的语句后执行 printf() 语句。
    c=a-b;
  }
  printf("c=%d",c);
}
```

图 8 – 3　选择结构程序执行过程示意

3. 循环结构

循环结构是在一定的控制条件下，反复执行某段指定代码的操作，直到这个控制条件不成立为止，如图 8 – 4 所示。

8.1.3　程序流程图

在图形化编程中，我们已经学习了程序流程图的知识，它与代码编程中的流程图没有任何差别。为了学习上的连续性，这里不考虑省去这一内容。

```
/* 循环结构程序 */
#include<stdio.h>
main()
{
  int a,b;
  a=0,b=1;
  while(b<=10)          //循环控制条件"b<=10"
  {
      a+=3;             //循环体, 从 a+=3 到 b++
      b++;              //反复执行 10 次
  }
  printf("a=%d",a);
}
```

图 8 - 4 循环结构程序执行过程示意

1. 流程图的意义

流程图是表示算法的一种方法。表示算法的方法有多种，其中用流程图表示算法是得到广泛应用的方法之一。

程序流程图实际上是用图形的方式描述程序设计的思路。

常用的流程图符号如图 8 - 5 所示。

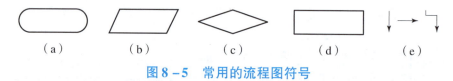

（a）　　　　（b）　　　　（c）　　　　（d）　　　　（e）

图 8 - 5　常用的流程图符号

（a）开始/结束框；（b）输入/输出框；（c）判断框；（d）处理框；（e）流程线

（1）开始/结束框，画在流程图的首部和尾部，表示程序的开始和结束。

（2）输入/输出框，表示程序输入数据和输出数据。

（3）判断框，表示选择结构和循环结构的条件判断，在判断框的两个出口流程线旁应标明"真""假"或"成立""不成立"。

（4）处理框，标识程序模块的功能，即对数据的处理。

（5）流程线，表示程序运行的路径和方向。

2. 程序流程图的绘制

按照程序流程图编写的程序能不能在计算机上实现，是判断程序流程图是否正确的关键。怎样才能画出准确无误的程序流程图呢？

（1）要准确理解程序设计的任务与要求，明确设计思路。程序流程图是根据编程者的思路画出来的，因此对程序的编写要有一个明确的思路。

（2）处理好 3 种基本结构的入口和出口是绘制程序流程图的关键，一定要清楚、合理地描绘它们之间的流程线。

掌握程序流程图的绘制对初学者是十分有益的。程序流程图能够形象直观地描述算法中的各种结构，有助于加深对程序的理解和促进算法的实现。

8.1.4 顺序结构程序设计

顺序结构是按语句书写的顺序，从上往下依次逐条语句地执行程序，也就是说程序在执行过程中既不"选择"，也不"循环"，毫不犹豫地一个劲儿往下执行。

例如，编写程序在屏幕上输出一个用字符"＊"组成的三角形，如图8-6所示。

程序代码如下。

```
/* 要点程序 C9_1 */
#include<stdio.h>
main()
{  printf("          * \n");
   printf("         * * \n");
   printf("        * * * \n");
   printf("       * * * * \n");
   printf("      * * * * * \n");
}
```

```
        *
       * *
      * * *
     * * * *
    * * * * *
```

图8-6　字符"＊"
组成的三角形

上面的程序开始运行后，首先打印第一行星号，然后依次打印第二行、第三行及第四行星号。这就是顺序结构程序的特点。

程序运行结果如图8-7所示。

图8-7　程序运行结果

8.2　应用示例

【示例8-1】　图8-8所示是两个正方形组成的图形，编写程序求阴影部分的面积是多少。

1. 解题方法与步骤

（1）计算大正方形的面积 w1 = 8×8。

（2）计算小正方形的面积 w2 = 6×6。

（3）计算大正方形左上方三角形的面积 s1 = 8×8÷2。

（4）计算由两个正方形共同组成的三角形的面积 s2 = 6×（8+6）÷2。

（5）计算阴影部分的总面积 ws = w1 + w2 - s1 - s2。

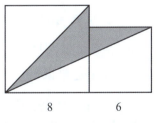

图8-8　两个正方形
组成的图形

2. 程序流程图

根据解题思路和流程图符号，绘制顺序结构程序流程图，如图 8-9 所示。

3. 源代码

这是一个顺序结构程序，程序代码如图 8-10 所示。

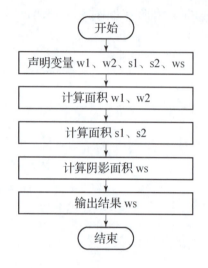

图 8-9　顺序结构程序流程图

```
/* 要点程序 C8_1 */
#include<stdio.h>
main()
{
    int a1=8,a2=6;
    float w1,w2,s1,s2,ws;
    w1=a1*a1;
    w2=a2*a2;
    s1=8*8/2.0;
    s2=6*(8+6)/2.0;
    ws=w1+w2-s1-s2;
    printf("阴影部分的面积为：
        %.1f",ws);
}
```

图 8-10　示例 8-1 程序代码

4. 运行程序

运行程序后得出的计算结果如图 8-11 所示。

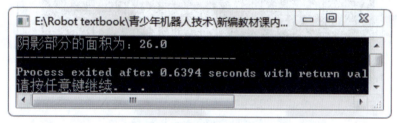

图 8-11　示例 8-1 运行后得出的计算结果

8.3　编程实训

【实训 8-1】　将两个整型变量 a 和 b 的值进行交换，并输出当 a=1，b=5 时的交换结果。

1. 设置中间变量

将两个变量的值进行交换时，一定要设置一个中间变量，而不能直接将它们进行交换，即 a=b，b=a 是错误的。

例如，a=1，b=5，用赋值表达式 a=b 将 b 的值赋给 a 时，虽然 a 的值变成 5，但 a 原来的值就没有了，如果这时用 b=a 进行交换，则 b 并没有得到 a 原来的值 1，a 原来的值被覆盖。

如果设置一个中间变量（如 t），在交换前先将的 a 的值放在中间变量 t 中，再将 b 的值赋给 a，然后将中间变量 t 的值赋给 b 就行了，如图 8-12 所示。

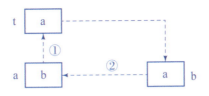

图 8-12　变量值的交换示意

2. 源代码

程序代码如下：

```
/* 实训程序 myProject8_1 */
#include <stdio.h>
main()
{
    int a =1,b =5,t;
    t = a;                //先将 a 的值赋值给中间变量 t
    a = b;
    b = t;                //将 a 的值通过中间变量 t 存入 b
    printf("a = %d,b = %d",a,b);
}
```

程序中，变量值的交换顺序不能混乱，因为计算机只会按照程序语句的顺序一条一条地往下执行，如果顺序错了就会得出错误的执行结果。

3. 运行程序

实训 8-1 程序运行结果如图 8-13 所示。

图 8-13　实训 8-1 程序运行结果

课后思考

1. C 语言程序的 3 种基本结构是什么？

2. 顺序结构程序的特点是什么？

3. 分析下面程序的运行结果。

程序一：

```
#include <stdio.h>
main()
{
    int x =3,y =7,z;
```

```
    x - =1;
    y +=x +5;
    z =x +y;
    printf("z =%d",z);
}
```

程序二：

```
#include <stdio.h>
main()
{
    int a =1,b =5,c =9,t;
    t =a;
    a =b;
    b =c;
    c =t;
    printf("a =%d,b =%d,c =%d",a,b,c);
}
```

4. 编程计算图 8 - 14 中阴影部分的面积（图中：左边正方形的边长为 8 厘米，右边正方形的边长为 6 厘米）。

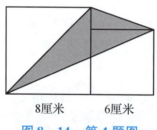

8厘米　　　6厘米

图 8 - 14　第 4 题图

选择结构（一） if 语句

9.1 基本要点

9.1.1 选择结构的特点

了解了顺序结构程序的特点后会发现，单纯使用顺序结构编写程序，很多问题无法得到解决。例如：

```
#include <stdio.h>
main()
{
    float a =100.0,b,c;
    printf("请输入除数 b:");
    scanf("%f",&b);
    c =a/b;
    printf("c =%f",c);
}
```

这是一个顺序结构程序，从键盘输入一个数 b，然后计算 c = a/b。不过，无论从键盘输入什么数，计算机都会不分青红皂白地计算下去。

但是这里变量 b 不能为 0，可在顺序结构中计算机无法处理这一问题。

假如在上面的程序中，从键盘输入一个数 0，程序执行后仍然会输出一个计算结果，不过它是一个奇怪的结果，如图 9 - 1 所示。

图 9 - 1 奇怪的计算结果

这说明在计算 c = a/b 时，b 可能出现两种情况：b 不为 0 或 b 为 0。如果程序在执行的过程中能对这两种情况进行选择，当从键盘输入的数不为 0 时让程序执行下去；当 b 为 0 时停止继续计算而转向其他操作，问题就解决了。

选择结构就是具有这种功能和特点的控制结构：在程序的执行过程中根据条件判断的不同结

果（"真"或"假"），只执行所选择的支路中的语句，而其他支路中的语句被直接跳过。

实现选择功能的语句有 if、if…else、if…else if 等形式。if 的意思是"如果"，else 的意思是"否则"。

9.1.2 if 语句

if 语句只选择执行一条支路中的语句。

1. if 语句的一般形式

if 语句的一般形式如下。

```
if(表达式)
{
    语句组；
}
```

if 语句的一般形式中各部分的含义如下。

（1）表达式：一般为条件表达式或逻辑表达式，用于判断语句组是否应该被执行。判断结果为 0 表示"假"；判断结果为非 0 表示"真"。

例如，计算 c = a/b 时用表达式 b == 0 判断从键盘输入的一个除数是否为 0，即"if(b == 0)"。

（2）语句组：条件判断为"真"时执行语句组。整个语句组被视为一条复合语句。

（3）花括号：语句组要用一对花括号括起来。如果语句组中只有一条语句，也可以不用花括号，不过为了清晰起见，初学时还是把它括起来为好。例如：

```
if(a > b)
{
    a = b + 1;
}
```

现在通过 9.1.1 节中计算 c = a/b 的例子来熟悉 if 语句的使用方法，即从键盘任意输入一个数 b，如果不小心输入的数为 0，则计算机提示"b 不能为 0，请重新输入一个数"。

程序代码如下。

```
/* 要点程序 C9_1 */
#include<stdio.h>
main()
{
    float a =100.0,b,c;
    printf("请输入除数 b:");
    scanf("%f",&b);
    if(b ==0)              //判断 b 是否为 0
    {
        printf("b 不能为 0,请重新输入一个数:");
        scanf("%f",&b);    //重新输入 b
    }
    c = a/b;
    printf("c = %f",c);
}
```

运行上面的程序，从键盘输入 0，这时屏幕显示提示"b 不能为 0，请重新输入一个数"，再次输入一个非 0 的数，程序继续执行并输出计算结果，如图 9 - 2 所示。

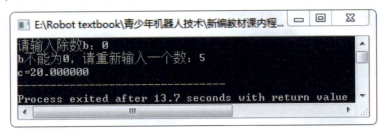

图 9 - 2　程序运行结果

2. if 语句的流程

程序执行时，系统先判断表达式的值，若表达式为"真"，则执行语句组；若表达式为"假"，则什么也不执行，跳过语句组后继续执行语句组下面的语句。

if 语句流程示意如图 9 - 3 所示。

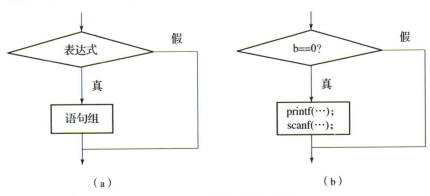

图 9 - 3　if 语句流程示意

（a）if 语句流程；（b）if 语句流程示例

9.1.3　if…else 语句

if…else 语句是一种二分支选择结构，可以在两条支路中选择执行其中一条支路的语句。

1. if…else 语句的一般形式

if…else 语句的一般形式如下。

```
if(表达式)
{
  语句组 1；
}
else
{
  语句组 2；
}
```

在 if…else 语句中，语句组 1 为一个分支，语句组 2 为另一个分支。当表达式为"真"时执行语句组 1，否则执行语句组 2。

例如，从键盘输入一个数 a，当 a > b 时计算 c = a − b 的值，当 a < b 时计算 c = b − a 的值（b = 10）。

这是一个二路分支的选择问题，即

分支一：a > b 时 c = a − b；

分支二：a < b 时 c = b − a。

程序代码如下。

```
/* 要点程序 C9_2 */
#include <stdio.h>
main()
{
    int a,b=10,c;
    printf("请输入一个整数a:");
    scanf("%d",&a);
    if(a>b)               //分支一:判断a是否大于b
    {
        c=a-b;            //语句组1
    }
    else                  //分支二:a<b不需要判断
    {
        c=b-a;            //语句组2
    }
    printf("c=%d",c);
}
```

从键盘输入 a 的值 11 时，程序运行结果如图 9 − 4 所示。

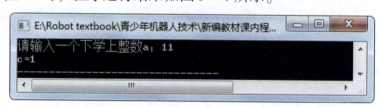

图 9 − 4　程序运行结果（a = 11 时）

2. if…else 语句的流程

程序执行时，系统先判断表达式的值，若表达式为"真"，则执行语句组 1；若表达式为"假"，则执行语句组 2。if…else 语句流程示意如图 9 − 5 所示。

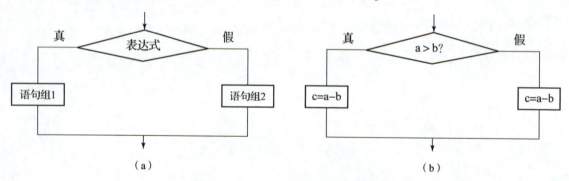

图 9 − 5　if…else 语句流程示意

（a）if…else 语句的流程；（b）if…else 语句流程示例

9.1.4 if…else if 语句

if…else if 语句用于三路或多路分支的选择

在要点程序 C9_2 中，根据 a 相对于 b 的大小计算 c 的值，除了 a > b 和 a < b 的两种情况外，还有第三种 a = b 的情况。

若当 a = b 时计算 c = 2 * a，这时只要在 else 的后面再加一个 if 语句就行了，如下面的要点程序 C9_3 所示 [图 9 – 6 (a)]。

```
/* 要点程序 C9_3 */
#include<stdio.h>
main()
{
    int a,b=10,c;
    printf("请输入一个整数 a: ");
    scanf("%d",&a);
    if(a>b)
    {
        c=a-b;
    }
    else if(a<b)
    {
        c=b-a;
    }
    else
    {
        c=2*a;
    }
    printf("c=%d",c);
}
```
(a)

```
/* 要点程序 C9_4 */
#include<stdio.h>
main()
{
    int a,b=10,c;
    printf("请输入一个整数 a: ");
    scanf("%d",&a);
    if(a>b)
    {
        c=a-b;
    }
    if(a<b)
    {
        c=b-a;
    }
    if(a==b)
    {
        c=2*a;
    }
    printf("c=%d",c);
}
```
(b)

图 9 – 6 要点程序 C9_3
(a) if…else if 形式；(b) 独立的 if 语句形式

注意，由于要点程序 C9_3 包含 3 个独立的判断条件，所以也可以用 3 个独立的 if 语句进行判断，如上面的要点程序 C9_4 所示 [图 9 – 6 (b)]。

实际上多路分支可以用多个 if 语句处理，不过这时一般用 switch 的语句处理。

9.2 应用示例

【示例 9 –1】 从键盘输入一个整数，判断它是奇数还是偶数并输出判断结果。

1. 分析

(1) 判断一个数是奇数还是偶数只有两种情况，即这个数不是奇数就是偶数，因此用 if…else 语句对输入数据进行奇偶性判断。当判断是奇数时输出"这个数是奇数"，否则输出"这个数是偶数"。

（2）用模运算符"％"进行奇偶性判断。一个数与2的模为0时这个数是偶数，不为0时为奇数。

2. 编程步骤

（1）声明变量。将从键盘输入的一个整数声明为"int a"。

（2）显示提示信息，用格式输入法输入一个整数。

（3）用 if（a％2＝＝0）判断 a 是否为偶数。

（4）根据表达式 a％2＝＝0 的值确定执行语句组1或语句组2。

3. 流程图

示例9-1程序流程图如图9-7所示。

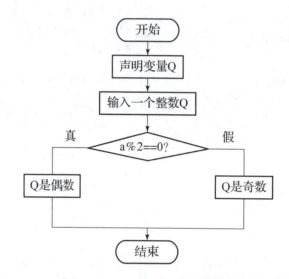

图 9-7　示例 9-1 程序流程图

4. 源代码

程序代码如下。

```
/* 示例程序 myC9_1 */
#include<stdio.h>
main()
{
    int a;
    printf("请输入一个整数:");
    scanf("%d",&a);
    if(a%2==0)
    {
        printf("%d是偶数",a);
    }
    else
    {
        printf("%d是奇数",a);
    }
}
```

5. 运行程序

从键盘输入 125，示例 9 – 1 程序运行结果如图 9 – 8 所示。

图 9 – 8　示例 9 – 1 程序运行结果

9.3　编程实训

【实训 9 – 1】　从键盘输入一个整数 n，判断它能否分别被 2，3，5 整除。

1. 分析

判断一个整数 n 能否分别被不同的 3 个数整除，有 3 种选择。

（1）用 3 个独立的 if 语句进行判断，即

①if(n%2 ==0)；

②if(n%3 ==0)；

③if(n%5 ==0)。

这种方法的特点是，程序在执行的过程中对每个 if 语句的表达式都要进行一次判断。例如，输入一个整数 15，系统先判断能否被 2 整除，再判断它能否被 3 整除，最后判断它能否被 5 整除。

（2）用 if…else if 语句进行判断，即

```
if(n% 2 ==0)
…
else if(n% 3 ==0)
…
else if(n% 5 ==0)
…
```

这种方法的特点是，程序在执行的过程中如果有一个表达式为"真"，则对后面的表达式就不再进行判断，程序直接跳到选择结构后面的语句接着执行。如输入一个整数 15，系统先判断它能否被 2 整除，判断结果是它不能被 2 整除；接下来判断它能否被 3 整除，判断结果为"真"，即它能被 3 整除。这时系统不再往下判断，打印结果后结束程序运行。

但是很明显，15 还能被 5 整除，这个结果被漏掉了。因此，如果要得到 15 既能被 3 整除，又能被 5 整除的结果，应该用 3 个独立的 if 语句进行条件选择。

可以从下面的程序流程图分析，在 if…else if 语句中为什么会漏掉 15 能被 5 整除的结果，如图 9 – 9 所示。

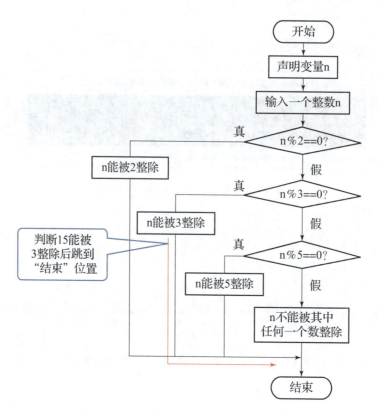

图 9 – 9 实训 9 – 1 if…else if 流程图

2. 源代码

用 3 个独立的 if 语句判断整数 n 能否分别被 2，3，5 整除。程序代码如下。

```c
/* 实训程序 myProject9 -2 */
#include <stdio.h>
main()
{
    int a;
    printf("请输入一个整数:");
    scanf("%d",&a);
    if(a%2 ==0)
    {
        printf("%d 能被 2 整除 \n",a);
    }
    if(a%3 ==0)
    {
        printf("%d 能被 3 整除 \n",a);
    }
    if(a%5 ==0)
    {
        printf("%d 能被 5 整除 \n",a);
    }
    if(a%2! =0&&a%3! =0&&a%5! =0)
    printf("%d 不能被其中任何一个数整除 \n",a);
}
```

3. 运行程序

从键盘输入整数 15，实训 9 – 1 程序运行结果如图 9 – 10 所示。

图 9 – 10　实训 9 – 1 程序运行结果

课后思考

1. 选择结构的特点是什么？

2. 选择结构有哪几种语句形式？

3. 分析下面程序的执行结果。

源程序一：

```
#include <stdio.h>
main()
{
    int a =3,b;
    if(a ==0)
    {
        b =1;
        printf("%d",b);
    }
    if(a <=3)
    {
        printf("%d",a);
    }
}
```

源程序二：

```
#include <stdio.h>
main()
{
    int a =1,b =5,c;
    if(a >b)
    {
        c =a -b;
        printf("%d",c);
    }
    else
    {
        c =a +b;
        printf("%d",c);
    }
}
```

4. 从键盘输入两个数 a 和 b，比较它们的大小，输出其中较大的数。

5. 将实训 9 –1 程序按图 9 –7 所示的流程图编写出来，并上机检验。

第10课

选择结构（二）switch 语句

10.1 基本要点

如果对于某个条件存在多分支的情况，虽然可以用多个 if 语句进行选择处理，但是分支过多会使程序变得复杂冗长而可读性差。C 语言提供了 switch 语句，可以方便地处理多分支选择。

10.1.1 switch 语句的一般形式

switch 语句的一般形式如下。

```
switch(表达式)
{
    case 常量表达式1:语句组1;
    case 常量表达式2:语句组2;
    …
    case 常量表达式n:语句组n;
    default:语句组 n +1;
}
```

switch 语句的说明如下。

（1）"表达式"可以为任何合法的表达式。

（2）case 为关键字，后面跟一个常量表达式。

（3）"常量表达式"相当于每一个 case 的序号；常量表达式只能是一个确定的值，如 3、'A'，且"常量表达式"与"表达式"的数据类型要一致；每个 case 的常量表达式必须各不相同；"常量表达式"后面必须用冒号"："。

（4）"语句组"可以是一条语句，也可以是多条语句。如果有多条语句也可以不用花括号括起来。

（5）default 为关键字，后面没有常量表达式，但必须有冒号"："。

注意，如果没有必要，default 语句也可以省略。

10.1.2 switch 语句的执行过程

先看一个例子：查看星期一到星期五是什么天气。

从键盘输入一个日期，在屏幕上显示当天的天气情况。程序代码如下。

```
/* 要点程序 C10_1 */
#include < stdio.h >
main()
{
    int d;
    printf("要查询星期几的天气?");
    scanf("%d",&d);
    switch(d)
    {
        case 1:printf("星期一:晴,最高温度26度\n");
        case 2:printf("星期二:晴转多云,最高温度23度\n");
        case 3:printf("星期三:小雨,最高温度20度\n");
        case 4:printf("星期四:雨转晴,最高温度23度\n");
        case 5:printf("星期五:晴,最高温度25度\n");
        default:printf("输入的日期错误!");
    }
}
```

从键盘输入一个日期2，程序运行结果如图10-1所示。

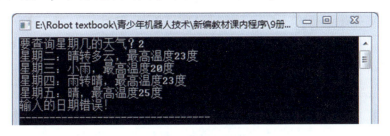

图10-1　程序运行结果

从上面的运行结果可以看出，switch 语句的执行过程如下。

（1）先计算"表达式"的值，即计算 switch(d) 中"d"的值。

（2）根据计算结果查找"常量表达式"，找到与"d"相等的那个常量，如从键盘输入的 d 值为2，则找到 case 2 中的"2"。

（3）switch 语句从 case 2 开始一直往下执行，直到 switch 语句中的最后一条语句为止。

（4）如果"表达式"的值不等于任何一个"常量表达式"的值，则只执行 default 后面的语句。例如，从键盘输入9，在"常量表达式"中找不到 case 9，程序运行结果如图10-2所示。

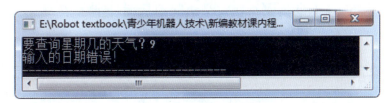

图10-2　程序运行结果

switch 语句一般形式的流程图如图10-3所示。

在要点程序 C10_1 中，表达式 d = 2，switch 语句找到 case 2 后便从语句组 2 开始执行，一直执行到 default 语句。

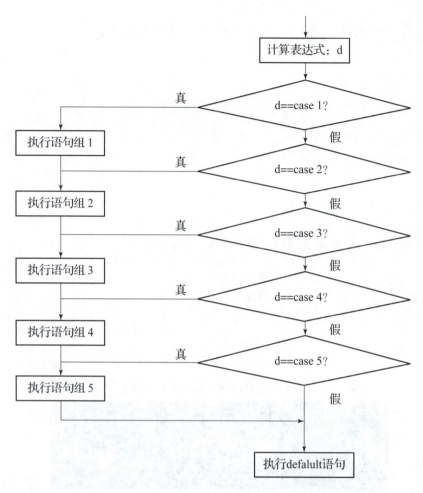

计算表达式: d

d==case 1? —真→ 执行语句组 1

d==case 2? —真→ 执行语句组 2

d==case 3? —真→ 执行语句组 3

d==case 4? —真→ 执行语句组 4

d==case 5? —真→ 执行语句组 5

执行defalult语句

图 10 – 3　switch 语句一般形式的流程图

10.1.3　switch 语句中的 break 语句

在要点程序 C10_1 中，查星期二的天气情况时后面的天气情况都被打印出来了，如果并不想了解后面的天气情况就会觉得有点麻烦。这里使用 break 语句就能解决这一问题。

break 语句是一个中断或跳出 switch 语句的语句。如果在每个 case 的语句组后面加上一个 break 语句，当这个语句组被执行完后系统就会跳出 switch 语句。这样一来每个 case 就变成相对独立的分支了。

下面继续用要点程序 C10_1 来验证。在每个语句组后面加上一个 break 语句，然后运行程序。源代码如下。

```c
/* 要点程序 C10_1 */
#include <stdio.h>
main()
{
    int d;
    printf("要查询星期几的天气?");
    scanf("%d",&d);
    switch(d)
    {
```

```
case 1:
printf("星期一:晴,最高温度26度\n");
break;
case 2:
printf("星期二:晴转多云,最高温度23度\n");
break;
case 3: printf("星期三:小雨,最高温度20度\n");
break;
case 4: printf("星期四:雨转晴,最高温度23度\n");
break;
case 5: printf("星期五:晴,最高温度25度\n");
break;
default: printf("输入的日期错误!");
    }
}
```

从键盘输入 2,程序运行结果如图 10 – 4 所示。

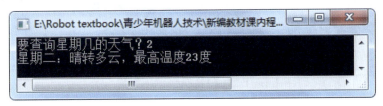

图 10 – 4 程序运行结果

现在再来看看 switch 语句应用 break 语句后的流程图,进一步加深对 switch 语句的了解,如图 10 – 5 所示。

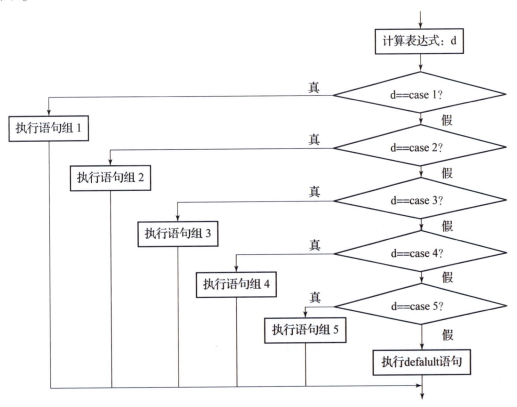

图 10 – 5 switch 语句应用 break 语句后的流程图

从图 10 - 5 可以看出，switch 语句计算表达式 d 后，只要找到任何一个 case 后面的常量表达式与 d 相同，便执行它后面的语句组后跳出 switch 语句；如果找不到任何一个 case 后面的常量表达式与它相同，则执行 default 语句后结束 switch 语句，若没有 default 语句，则什么也不做，结束 switch 语句。

10.2 应用示例

【**示例 10 - 1**】 某同学的成绩为语文 85 分、数学 90 分、体育 80 分、科学 95 分、美术 79 分，编写程序分别查询各科的成绩。

1. 分析

分别查询 5 门课程的成绩，相当于有 5 个分支选择，用 switch 语句处理非常方便。

（1）利用 break 语句，每查询一门课程的成绩后跳出 switch 语句。

（2）从键盘输入要查询成绩的课程，表达式为'y'（语文）、's'（数学）、't'（体育）、'k'（科学）、'm'（美术）；

（3）如果表达式输入错误，用 default 语句提示"error"。

2. 编程步骤

（1）声明变量 scores，用于表示表达式的值。

（2）用格式输入函数获取 switch 表达式的值。

（3）将每门课程的成绩与 case 常量表达式对应列出，并用 break 语句跳出 switch 语句。

（4）用 default 语句提示输入错误，即输出"error"。

3. 源代码

程序代码如下。

```
/* 示例程序 myC10_1 */
#include<stdio.h>
main()
{
    char scores;                    //声明字符型变量
    printf("请输入要查询的课程:");
    scanf("%c",&scores);            //格式控制字符为 c
    switch(scores)
    {
        case 'y':
        printf("语文:85 分 \n");
        break;
        case 's':
        printf("数学:90 分 \n");
        break;
        case 't':
        printf("体育:80 分 \n");
        break;
```

```
    case 'k':
    printf("科学:95 分 \n");
    break;
    case 'm':
    printf("美术:79 分 \n");
    break;
    default: printf("error");
    }
}
```

注意：在格式输入函数 scanf("% c",&scores)中，由于变量 scores 为字符型数据，所以格式字符"% c"中的格式控制字符为"c"，表示输入的数据类型为字符型；case 后面的常量表达式也应书写成字符型。

4. 运行程序

从键盘输入 k，查询科学课程的成绩，查询结果如图 10 - 6 所示。

图 10 - 6　示例 10 - 1 程序查询结果

10.3　编程实训

【实训 10 - 1】　计算长方形、三角形、梯形、圆形的面积。从键盘上选择计算图形后输入相应的参数，计算后输出计算结果。

1. 分析

根据计算要求有 4 种图形供选择，使用 switch 语句处理十分方便。

先从键盘选择计算图形，然后在 case 语句中分别输入计算参数并代入计算公式进行计算即可。

2. 编程步骤

（1）声明变量。

tuXing 用于选择计算图形，字符型数据；

a、b 为长方形的两个边长，浮点型数据；

d、h 为三角形的底和高，浮点型数据；

d、d1、h 为梯形的上底、下底和高，浮点型数据；

r 为圆的半径，浮点型数据；

s 为各种图形的面积变量，浮点型数据。

（2）选择计算图形。

用字符常量'c'、's'、't'、'y'分别表示长方形、三角形、梯形和圆。从键盘输入其中一个字符选择要计算面积的图形。

（3）计算图形面积。

在每个 case 常量的后面用格式输入函数输入计算所需要的参数，再根据相应的公式计算面积，并输出计算结果。

（4）用 default 语句提示可能出现的输入错误。

3. 源代码

程序代码如下。

```c
/* 实训程序 myProject10 -1 */
#include < stdio.h >
main()
{
    char tuXing;
    float a,b,d,d1,h,r,s;
    printf("请选择计算图形:");
    scanf("%c",&tuXing);
    switch(tuXing)
    {
        case 'c':
        printf("请输入长方形的边长 a、b:");
        scanf("%f,%f",&a,&b);
        s = a * b;
        printf("长方形的面积:s = % .1f",s);
        break;

        case 's':
        printf("请输入三角形的底和高 d、h:");
        scanf("%f,%f",&d,&h);
        s = d * h /2;
        printf("三角形的面积:s = % .1f",s);
        break;

        case 't':
        printf("请输入梯形的上底、下底和高 d、d1、h:");
        scanf("%f,%f,%f",&d,&d1,&h);
        s = (d + d1) * h /2;
        printf("梯形的面积:s = % .1f",s);
        break;

        case 'y':
        printf("请输入圆的半径 r:");
        scanf("%f",&r);
        s = 3.14 * r * r;
```

```
    printf("圆的面积:s = % .1f",s);
    break;

    default: printf("error");
    }
}
```

4. 运行程序

从键盘输入字符 s，即选择计算三角形的面积，然后输入三角形的底 d = 5、高 h = 3，程序运行结果如图 10 - 7 所示。

图 10 - 7　实训 10 - 1 程序运行结果

同学们自行选择计算其他图形的面积。

课后思考

1. 根据自己的理解，说说 switch 语句中的"表达式"与"常量表达式"的作用是什么。

2. switch 语句的执行过程中第一步是做什么？

3. 下面的说法中正确的是（　　　）。

A. switch 语句只适合在有 4 个或 5 个分支的情况下进行选择处理

B. switch 语句中 default 语句可以有，也可以没有

C. break 语句可以放在 case 常量表达式后面的任意位置

D. switch 语句中"表达式"与"常量表达式"的数据类型不一定相同

4. 下面的程序中有 1 处错误，请把它指出来并改正。

```
#include < stdio.h >
main()
{
char scores;
scanf("%c",&scores);
switch(scores)
    {
        case A:
        printf("92");
        break;
        …              //后面的语句已省略,不能视为错误
    }
}
```

5. 仔细阅读下面的程序，从键盘输入 1 时，程序的执行结果是什么？

```c
#include <stdio.h>
main()
{
    int scores;
    scanf("%d",&scores);
    switch(scores)
    {
        case 3:
            printf("60~69\n");
            break;
        case 1:
            printf("90~100\n");
            break;
        case 4:
            printf("0~59\n");
            break;
        case 2:
            printf("70~89\n");
            break;
        default: printf("error\n");
    }
}
```

6. 将实训程序 myProject10-1 中计算圆的面积修改为计算圆柱体的体积，并上机检验。源程序代码如下。

```c
/* 实训程序 myProject10-1 */
#include <stdio.h>
main()
{
    char tuXing;
    float a,b,d,d1,h,r,s;        //在此处修改或添加变量，或利用已有变量
    printf("请选择计算图形:");
    scanf("%c",&tuXing);
    switch(tuXing)
    {
        case 'c':
        printf("请输入长方形的边长 a、b:");
        scanf("%f,%f",&a,&b);
        s=a*b;
        printf("长方形的面积:s=%.1f",s);
        break;

        case 's':
        printf("请输入三角形的底和高 d、h:");
        scanf("%f,%f",&d,&h);
        s=d*h/2;
        printf("三角形的面积:s=%.1f",s);
        break;
```

```
case 't':
printf("请输入梯形的上底、下底和高 d、d1、h:");
scanf("%f,%f,%f",&d,&d1,&h);
s=(d+d1)*h/2;
printf("梯形的面积:s=%.1f",s);
break;

case 'y':                    //在此处修改为计算圆柱体的体积
printf("请输入圆的半径 r:");
scanf("%f",&r);
s=3.14*r*r;
printf("圆的面积:s=%.1f",s);
break;
default: printf("error");
    }
}
```

第**11**课

循环结构（一） while 语句

11.1 基本要点

11.1.1 循环结构的特点

循环结构是一种有规律的重复，是指将同一程序段重复执行若干次。实现循环的程序结构称为循环结构。

在程序设计中使用循环结构，可以避免重复编写代码，简化程序，提高程序的可读性和执行速度。

在现实生活中，很多事物都具有重复性。例如，移动机器人在行驶的时候，它的轮子在一圈又一圈地重复转动。又如，学生上课的课表是一种以"周"为时间单位的重复，每周从星期一到星期五的课程一般是完全相同的，因此，在一个学期内只要一张从星期一到星期五的课表，然后重复利用就行了，见表 11 – 1。

表 11 – 1 某小学五年级课表

	时间	星期一	星期二	星期三	星期四	星期五
上午	第一节 (8：30—9：10)	语文	数学	语文	数学	英语
	9：10—9：40	大课间(跳操)				
	第二节 (9：40—10：20)	英语	语文	语文	语文	语文
	10：20—10：50	大课间(眼保健操)				
	第三节 (10：50—11：30)	美术	音乐	道德与法治	体育	数学
下午	第四节 (15：00—15：40)	数学	体育	科学	英语	音乐
	15：10—15：40	大课间(眼保健操)				
	第五节 (15：40—16：20)	科学	英语	数学	美术	道德与法治

可以把这张课表看作一个循环结构，在使用课表的过程中，"周"的时间在发生变化，如第一周、第二周、……，但课表的内容没有改变，一直在重复。

在程序设计中，同样会经常遇到重复的现象。例如，计算自然数 1～100 的和。

现在只能编写出如下程序代码。

```
/* 要点程序 C11_1 */
#include<stdio.h>
main()
{
    int sum=0;
    sum=sum+1;
    sum=sum+2;
    sum=sum+3;
    …
    sum=sum+100;
    printf("sum=%d",sum);
}
```

在上面的要点程序 C11_1 中，从 sum=sum+1 到 sum=sum+100 都是一种重复性语句。实际上，程序代码中是不能用省略号"…"来代替未写出的语句的，因此这种重复性的语句要书写 100 条，如果计算 0～1000 的和就要书写 1000 条。显然，这种方法不仅非常麻烦，而且容易出错。

循环结构是解决程序设计中广泛存在的循环现象的重要手段。

C 语言提供了 3 种循环控制语句，即 while 语句、do…while 语句和 for 语句。本书重点介绍和了解 while 语句和 for 语句。

11.1.2　while 语句

while 语句用来实现当型循环，即当循环条件成立时执行循环语句。while 语句的一般形式为

```
while(表达式)
{
    循环体；
}
```

例如：

```
while(i<10)
{
    n+=1;
    i++;
}
```

说明如下。

（1）"表达式"为循环条件表达式，一般为关系表达式或逻辑表达式（如 i<10），也可以是数值表达式或字符表达式。只要表达式的条件成立，即表达式的值为非 0 时就执行循环体。

（2）花括号"{}"的作用是将循环体内的所有语句括起来，构成复合语句。如果没有花括号，循环体则被视为只有 while 后面的第一条语句（如 n += 1）。

（3）循环体可以只有一条语句，可以是空语句即没有语句，也可以有多条语句即复合语句。

11. 1. 3 while 语句的执行过程

下面通过计算 $1 + 2 + 3 + \cdots + 100$ 来了解 while 语句的计算过程。

1. 求和的一般方法

先看计算 $1 + 2 + 3 + \cdots + 100$ 的一般方法：

1 ·······················1　（1 项）

$1 + 2 = 3$ ···············$1 + 2$　（2 项）

$3 + 3 = 6$ ···············$1 + 2 + 3$　（3 项）

$6 + 4 = 10$ ·············$1 + 2 + 3 + 4$　（4 项）

$10 + 5 = 15$ ············$1 + 2 + 3 + 4 + 5$　（5 项）

…

$4950 + 100 = 5050$ ·········$1 + 2 + 3 + 4 + 5 + \cdots + 100$　（100 项）

即 $1 + 2 + 3 + \cdots + 100 = 5050$。

2. 从一般方法中找出规律

由上面求和的一般方法可以算出，每加一项等于前面各项的和加上后面一项的序号，如 $6 + 4$ 为前面 $3 + 3$ 的和加上第 4 项的序号 4，$10 + 5$ 为前面 $6 + 4$ 的和加上第 5 项的序号 5，这是一种有规律的运算。

如果定义一个累加变量（又称为累加器）sum 代表前面各项的和，定义一个变量 i 代表每一项的序号，则上面 100 个相加的项可以统一写成 $\text{sum} + i = \text{sum}$。将这个式子改写成赋值表达式，就得到了一个从 1 加到 100 的可以循环使用的语句：

$\text{sum} = \text{sum} + i$

将 sum 初始化为 0（即 $\text{sum} = 0$），将 i 初始化为 1（即 $i = 1$），则程序每循环一次就让变量 i 的值自动加 1，然后存入累加器 sum，如：

第 1 项 $\text{sum} = \text{sum} + 1$ 的和为 $\text{sum} = 0 + 1$，$\text{sum} = 1$；

前 2 项 $\text{sum} = \text{sum} + 2$ 的和为 $\text{sum} = 1 + 2$，$\text{sum} = 3$；

前 3 项 $\text{sum} = \text{sum} + 3$ 的和为 $\text{sum} = 3 + 3$，$\text{sum} = 6$；

前 4 项 $\text{sum} = \text{sum} + 4$ 的和为 $\text{sum} = 6 + 4$，$\text{sum} = 10$；

…

前 i 项 $\text{sum} = \text{sum} + i$ 的和为 $\text{sum} = （前 i - 1 项的和） + i$；

…

前 100 项 $\text{sum} = \text{sum} + 100$。

3. 用 while 语句求和

通过上面的分析，根据 while 语句的一般形式编写求 $1+2+3+\cdots+100$ 的程序代码如下。

```
/* 要点程序 C11_2 */
#include <stdio.h>
main()
{
    int sum = 0,i = 1;
    while(i <= 100)
    {
        sum = sum + i;
        i ++;
    }
    printf("sum = %d",sum);
}
```

程序说明如下。

（1）首先声明变量。由于变量必须先定义后使用，所以 while 语句中使用的变量必须在 while 语句之前先声明。

声明一个整型累加变量 sum，让 while 语句每循环一次计算的和存放在 sum 中，并将 sum 初始化为 0。

声明一个循环变量 i，主要用于 while 语句计算循环次数，将 i 初始化为 1，即第一次循环时令 i 的值为 1，i 同时也用作每一项的加数。

（2）确定 while 语句的表达式，即 i <= 100。表达式的含义为要求 while 语句循环 100 次，即 i 从初值 1 循环到 100。

（3）在循环体内计算"和"，即 sum = sum + i，然后改变循环变量 i，每循环一次变量 i 就自动加 1。

（4）最后，循环结束后在循环体外输出计算结果。

程序运行结果如图 11-1 所示。

图 11-1　程序运行结果

4. while 语句的执行过程

while 语句是怎样计算出 sum = 5050 的呢？

（1）计算表达式 i <= 100。如果表达式成立（真）则执行循环体；如果表达式不成立（假）则结束循环，执行 while 语句后面的其他语句。

例如第一次循环时，i 的值为 1，即 i < 100 为"真"，执行循环体；循环 100 次后循环变量 i 变成 101，表达式 i <= 100 的计算结果为"假"，结束循环。

（2）执行循环体语句。循环体语句执行完后 while 语句再转向步骤（1）计算表达式。

比如 while 语句第二次计算表达式时，循环变量 i 的值通过第一次循环时的自增运算（i++）已经变成 2，但这时 i<=100 仍然为"真"，于是继续执行循环体。

while 语句在步骤（1）和步骤（2）之间如此反复，直到表达式的计算结果为"假"时结束循环。

注意：while 循环体内的语句"i++"除了用于累加变量以外，另一个重要作用是改变循环条件，每循环一次 i 的值就会加 1，然后作为计算表达式的依据。如果循环体内没有改变循环条件的语句就成了死循环（又称为无限循环），这个循环语句会无限地循环下去。

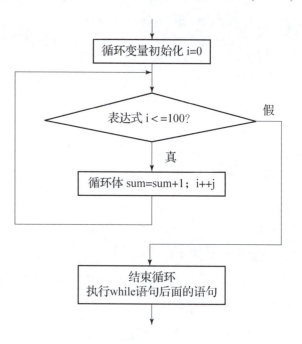

图 11-2　while 语句流程图

5. while 语句的流程图

以要点程序 C11_2 为例，while 语句的执行流程如图 11-2 所示。

像一般计算方法一样，while 语句计算从 1 加到 100 的和仍然是一项一项地加 100 次，一次也不会"偷懒"。只不过计算机的速度极快，瞬间就计算完了。这也体现了计算机进行循环计算的优越性。

11.2　应用示例

【示例 11-1】　将第 9 课的要点程序 C9_1 中的 if 语句修改为 while 语句。程序代码如下。

```
/* 要点程序 C9_1 */
#include <stdio.h>
main()
{
    float a =100.0,b,c;
    printf("请输入除数 b:");
    scanf("%f",&b);
    if(b==0)                //判断 b 是否为 0
    {
        printf("b 不能为 0,请重新输入一个数:");
        scanf("% f",&b);    //重新输入 b
    }
    c =a/b;
    printf("c =%f",c);
}
```

1. 分析

在要点程序 C9_1 中，由于 if 语句只能执行一次，所以第一次将除数 b 的值误输入为 0 时，程序会提示输入错误，并停下来等待再次输入 b。但如果再次输入又发生错误，if 语句就不管了，因为它无法返回，只能给出一个奇怪的结果，如图 11 - 3 所示。

图 11 - 3　在要点程序 C9_1 中再次输入错误后的执行结果

在现实生活中往往会遇到这样的事情。例如，要打开一个设置了密码的文件，如果输入密码的时候连续两次发生了错误，则密码程序将不再进行任何处理。

因此，将要点程序 C9_1 中的 if 语句修改为 while 语句就能避免这样的问题。

2. 使用 while 语句

将要点程序 C9_1 中的 if 语句改为 while 语句。程序代码如下。

```
while(b == 0)          //判断 b 是否为 0
{
    printf("b 不能为 0,请重新输入一个数:");
    scanf("%f",&b);    //重新输入 b
}
```

while 语句的循环条件为 b == 0，即当输入的 b 为 0 时，表达式 b == 0 成立，执行循环体；只有当 b 不等于 0 时循环条件不成立，结束循环并执行 while 语句后面的语句。

while 语句执行流程如图 11 - 4 所示。

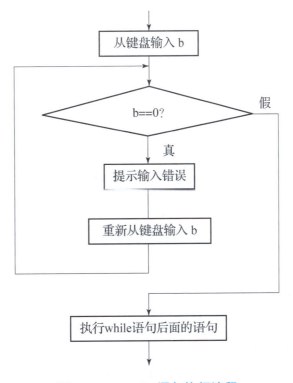

图 11 - 4　while 语句执行流程

3. 源代码

要点程序 C9_1 修改后的源代码如下。

```c
/* 要点程序 C11_3 */
#include<stdio.h>
main()
{
    float a =100.0,b,c;
    printf("请输入除数b:");
    scanf("%f",&b);
    while(b ==0)                //判断 b 是否为 0
    {
        printf("b 不能为 0,请重新输入一个数:");
        scanf("%f",&b);         //重新输入 b
    }
    c = a/b;
    printf("c = %f",c);
}
```

4. 运行程序

从键盘连续 3 次输入 b = 0，第 4 次输入 b = 2，程序执行结果如图 11 – 5 所示。

图 11 – 5   要点程序 C9_1 修改后的执行结果

11.3   编程实训

【实训 11 – 1】   找出 100 ~ 200 之间既能被 3 整除又能被 7 整除的数，并统计这些数有多少个。

1. 分析

要找出 100 ~ 200 之间既能被 3 整除又能被 7 整除的数需要逐个数判断。由于第一个数判断完后回过头来要判断第二、第三个数，直到将 100 ~ 200 之间的数全部判断完，所以需要使用循环结构才能达到这一目的。

（1）用 while 语句进行循环判断。

（2）初始化循环变量 n = 100，循环变量的终值 n = 200。

（3）确定循环条件，n <= 200。

（4）在循环体内用 if 语句判断这个数是否能同时被 3 和 7 整除，即 if（n%3 == 0&&n %7 ==0）。如果是，则输出这个数，并用变量 sum 进行累加；仍然用 n 表示 100 ~ 200 之间的数，每循环一次 n 的值加 1，用作下一次要判断的数。

（5）循环结束后输出 sum。

2. 源代码

程序代码如下。

```c
/* 实训程序 myProject11_1 */
#include<stdio.h>
main()
{
    int n=100,sum=0;
    while(n<=200)
    {
        if(n%3==0&&n%7==0)
        {
            printf("%d\n",n);
            sum+=1;            //累加能被 3 和 7 整除的数的个数
        }
        n++;    //既作为改变循环条件的语句,又用作下次被判断的数
    }
    printf("既能被 3 除尽也能被 7 除尽的数共%d 个",sum);
}
```

3. 运行程序

实训 11-1 程序运行结果如图 11-6 所示。

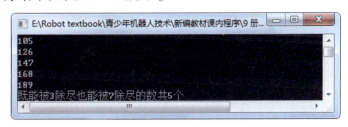

图 11-6　实训 11-1 程序运行结果

 课后思考

1. 循环结构的特点是什么？

2. while 结构的表达式一般由什么构成？

3. 11.1 节"基本要点"中，要点程序 C11_3 中的 while 语句的循环体内是否有改变循环条件的语句？（1）如果没有，说一说理由；（2）如果有，说出是哪一条语句。

4. 求下面算术表达式的值。

（1）$501+502+503+\cdots+650$；

（2）$1+3+5+7+\cdots+99$（提示：改变循环条件的语句为 i=i+2）。

5*. 下面是一个密码输入程序，密码为 3a88，如果连续 3 次输入密码错误，则需要等待 3 个

小时才能再次输入密码。请在程序中的横线（共5段）上补充完善相应的语句或表达式。

```c
#include <stdio.h>
#include <conio.h>
main()
{
    char ch1,ch2,ch3,ch4;          //声明密码字符变量
    char ch_e;                      //声明Enter键字符变量
    int i=1,k=0;                    //声明循环变量i和输入错误的次数变量k
    printf("请输入密码:\n");
    while(i)   //表达式i==1,始终为真,只有在循环体内令i=0才能结束循环
    {
        ch1=getch();    //输入字符3,getch()为不显示字符的字符输入函数
        printf("*");    //用星号"*"表示输入的密码字符
        ch2=getch();    //输入字符a
        printf("*");
        ch3=getch();    //输入字符8
        printf("*");
        ch4=getch();    //输入字符8
        printf("*\n");  //打印空行

        if(ch1=='3'&&ch2=='a'_____) //判断密码是否正确
        {
            printf("\n");
            printf("请按Enter键确认\n");
            ch_e=getch();               //按Enter键
            if(ch_e==13)                //Enter键的ASCII值为13
            {
                printf("\n");
                printf("*************** \n");
                printf("* 文件已打开 *\n");
                printf("*************** \n");
                i=____;         //改变while语句的循环条件结束循环
            }
        }

        if(ch1!='3' || ch2!='a'_____) //判断密码是否错误
        {
            k=____;                      //累加密码输入错误的次数
            if(k<3) printf("请重新输入密码:\n");
            if(k==3)                        //判断是否输错了3次
            {
                printf("\n");
                printf("密码错误,请3小时后再输入!");
                i=____;     //如果输错3次也要改变循环条件结束循环
            }
        }
    }
}
```

注意，上机时要去掉补充代码下面的横线。

第 *12* 课

循环结构（二）for 语句

12.1 基本要点

12.1.1 for 语句

for 语句是循环结构的另一种语句形式。for 语句比 while 语句更加灵活方便，它完全可以替代 while 语句，当然，while 语句也可以替代 for 语句，它们都有各自的特点。

for 语句的一般形式如下。

```
for(表达式1;表达式2;表达式3)
{
    循环体
}
```

例如：

```
for( i =1;i <=10;i ++ )
{
    sum = sum +i;
}
```

说明如下。

（1）"表达式 1" 为循环变量初始化，如 i = 1。这里与 while 语句的区别在于：while 语句是在它的前面初始化循环变量，而不是在 "表达式" 中初始化循环变量。

（2）"表达式 2" 是循环条件，如 i <= 10。它相当于 while 语句中的循环条件 "表达式"。

（3）"表达式 3" 是改变循环条件的表达式，如 i ++ 。它相当于 while 语句循环体内改变循环条件的语句。

（4）花括号 "{}" 的作用与 while 语句的作用相同。

（5）循环体可以只有一条语句，可以是空语句，也可以有多条语句即复合语句。

12.1.2 for 语句的执行过程

仍然以 1 +2 +3 + ⋯ +100 为例，了解 for 语句的执行过程。

1. 用 for 语句求和的程序代码

（1）声明变量。声明循环变量 i 及累加变量 sum，数据类型为整型。

（2）确定表达式 for（表达式1；表达式2；表达式3）。

表达式1 为 i=1；表达式2 为 i<=100；表达式3 为 i++。这时 for 语句表达式为 for（i=1；i<=100；i++）

（3）在循环体内求和，即

```
{
    sum = sum + i;
}
```

与 while 语句相比，循环体内没有改变循环条件的语句"i++；"，这是因为在 for 语句中将它放到了"表达式3"的位置。

求和的程序代码如下。

```
/* 要点程序 C12_1 */
#include<stdio.h>
main()
{
    int i,sum=0;
    for(i=1;i<=100;i++)
    {
        sum=sum+i;
    }
    printf("sum=%d",sum);
}
```

程序运行结果如图 12-1 所示。

图 12-1　求和程序运行结果

2. for 语句的执行过程

根据要点程序 C12_1，了解 for 语句的执行过程。

（1）执行表达式1，初始化循环变量，如 i=1。

（2）计算表达式2，判断循环条件是否满足，如 i<=100 的值是否为"真"。若表达式2的值为"真"则执行步骤（3），即执行循环体语句；否则执行步骤（4），即结束循环。

（3）执行循环体语句，并运算"表达式3"，如 i++，然后转向步骤（2）。

（4）结束循环。

3. for 语句执行流程

以要点程序 C12_1 为例，for 语句执行流程如图 12-2 所示。

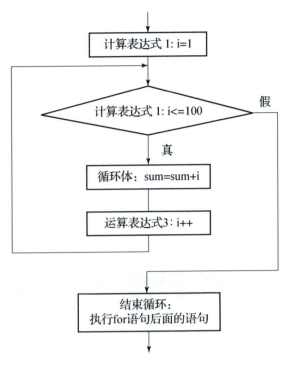

图 12-2　for 语句执行流程

12.1.3　break 语句

break 语句除了可以跳出 switch 语句外，还可以跳出循环语句，包括 while 语句、for 语句等。在循环结构中，break 语句通常总是与 if 语句一起使用，即在满足某一条件时跳出当前的循环。

例如，使用 break 语句，找出当算术表达式 $1+2+3+\cdots+n$ 的值大于等于 2525 时，n 的最小值为多少。

1. 求解步骤

（1）声明循环变量 n、累加变量 sum。

（2）用 for 语句求算术表达式的值。

（3）用 if 语句判断 sum >= 2525。

（4）如果条件满足，用 break 语句跳出循环。

2. 程序代码

程序代码如下。

```
/* 要点程序 C12_2 */
#include <stdio.h>
main()
{
    int n,sum = 0;
    for(n = 1;;n ++)       //省略了"表达式 2"
    {
        sum = sum + n;     //求和
```

```
    if(sum>=2525)
    break;                //用 break 语句跳出循环,省去了花括号
  }
  printf("n=%d,sum=%d",n,sum);
}
```

说明：在 for 语句中，表达式 1、表达式 2 和表达式 3 均可以省略，但是分号"；"不能省略。在上面的例子中，因为事先无法知道需要循环多少次后算术表达式值才能大于等于 2525，即循环变量 n<=?，所以 for 语句省略了表达式 2，表示该循环没有终点，是一个无限循环。这时需要在循环体内用 break 语句跳出循环。

3. 计算结果

当 n=71 时，$1+2+3+\cdots+71=2556$，大于 2525，如图 12-3 所示。

图 12-3　要点程序 C12_2 计算结果

12.1.4　while 循环与 for 循环的比较

（1）在通常情况下，while 循环与 for 循环都能处理同一问题。

（2）当循环次数不确定时，使用 while 循环比较方便。

（3）当循环次数已知时，使用 for 循环比较方便。

（4）while 循环和 for 循环都可以用 break 语句跳出循环。

12.2　应用示例

【示例 12-1】　找出 1~100 之间能被 3 或 7 整除的前 10 个数。

1. 分析

由于要找的数在 1~100 之间，循环次数已知，所以用 for 循环。但是，能被 3 或 7 整除的前 10 个数的具体位置事先无法知道，因此找出前 10 个数后，需要在循环体内用 break 语句跳出循环。

2. 编程步骤

（1）声明循环变量 i、计数变量 j。j 用于累计能被 3 或 7 整除的数的个数。

（2）确定 for 语句的表达式 1、表达式 2、表达式 3。

（3）在循环体内用 if 语句查找能被 3 或 7 整除的数，并输出这个数；再用 if 语句判断是否已找到 10 个数，如果已找到则跳出循环，否则继续查找。

3. 流程图

示例 12-1 程序流程图如图 12-4 所示。

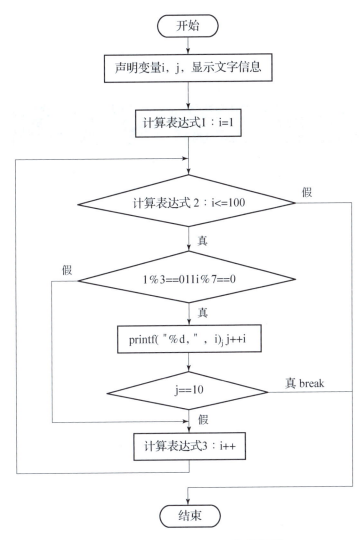

图 12 - 4 示例 12 - 1 程序流程图

4. 源代码

程序代码如下。

```c
/* 示例程序 myC12_1 */
#include < stdio.h >
main()
{
    int i,j =0;
    printf("能被 3 或 7 整除的前 10 个数:\n");
    for(i =1;i <=100;i ++)
    {
        if(i%3 ==0 || i%7 ==0)      //查找能被 3 或 7 整除的数
        {
            printf("%d,",i);         //输出能被 3 或 7 整除的数
            j ++;
            if(j ==10)               //判断是否找到 10 个数
            break;                    //跳出循环,省略了花括号
        }
    }
}
```

5. 运行程序

程序运行结束后，在屏幕上输出 1 ～ 100 之间能被 3 或 7 整除的前 10 个数，如图 12 － 5 所示。

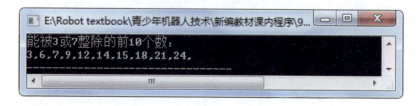

图 12 － 5　示例 12 － 1 程序运行结果

12.3　编程实训

【实训 12 － 1】　求 $1 + (1 + 2) + (1 + 2 + 3) + \cdots + (1 + 2 + 3 + \cdots + 50)$。

1. 分析

求解这类问题的关键在于找出它的特点或规律，不然无法编写程序。

（1）计算 $1 + (1 + 2) + (1 + 2 + 3) + \cdots + (1 + 2 + 3 + \cdots + 50)$ 中每一项的值，即

$$(1 + 2), (1 + 2 + 3), \cdots, (1 + 2 + 3 + \cdots + 50)$$

这里的每一项与求 $1 + 2 + 3 + \cdots + 100$ 的形式相同，即每项的值为

$$sum = sum + i \qquad (赋值表达式一)$$

（2）计算 $1 + (1 + 2) + (1 + 2 + 3) + \cdots + (1 + 2 + 3 + \cdots + 50)$ 的值。

如果用 sum(i) 表示任意一项的和，则原来的算术表达式可以写成 $sum(1) + sum(2) + sum(3) + \cdots + sum(i) + \cdots + sum(50)$。这相当于求 sum(i) 的和，如果用 Sum 表示它的和，则

$$Sum = Sum + sum \qquad (赋值表达式二)$$

（3）用 for 循环计算"赋值表达式一"和"赋值表达式二"。

2. 编程步骤

（1）声明变量。声明循环变量 i、各项和的变量 sum、算术表达式的和的变量 Sum。

（2）确定 for 语句的表达式 1、表达式 2、表达式 3。

（3）在 for 循环体内计算 sum 和 Sum。

（4）在循环体外输出计算结果。

3. 源代码

程序代码如下。

```
/* 实训程序 myProject12_1 */
#include < stdio.h >
main()
{
    int i,sum = 0,Sum = 0;
    for(i = 1;i < = 50;i ++)
    {
```

```
        sum = sum + i;          //计算每一项的和
        Sum = Sum + sum;        //累加每一项的和
    }
    printf("Sum = %d",Sum);
}
```

4. 运行程序

实训 12 - 1 程序运行结果如图 12 - 6 所示。

图 12 - 6　实训 12 - 1 程序运行结果

【附*（选学内容）】

用循环的嵌套方法求 1 + (1 + 2) + (1 + 2 + 3) + … + (1 + 2 + 3 + … + 50)。

所谓循环的嵌套，是在一个循环结构中包含另一个完整的循环结构。例如：

```
for(表达式1;表达式2;表达式3)      //外循环
{
    …
    for(表达式1;表达式2;表达式3)      //内循环
    {
        …
    }
    …
}
```

两层以上的循环嵌套称为多重循环，但是过多的循环嵌套会影响程序的可读性和执行效率。

在算术表达式 1 + (1 + 2) + (1 + 2 + 3) + … + (1 + 2 + 3 + … + 50) 中，每一项可以用一个循环语句如 for 语句计算，而整个表达式的值可以用另一个循环语句计算。

（1）用内循环 for 语句计算各项的值。

内循环 for 语句代码如下。

```
for(j =1;j <=i;j ++)   //内循环
{
    sum = sum + j;        //在内循坏计算每一项的值 sum
}
```

在代码中，表达式 2 为 j<=i，其中 j 为本层循环变量，i 为循环终值。i 为什么不是一个固定的值，而是一个变量呢？因为每一项的值都在不断地变化，如第 2 项为 (1 + 2)，第 3 项为 (1 + 2 + 3)，i 的值只能由外层循环确定。

（2）用外循环 for 语句计算整个算术表达式的值。

外循环 for 语句代码如下。

```
for(i =1;i <=50;i ++)      //外循环
{
    sum = 0;                //将内循环计算的 sum 清零
```

```
for(j = 1;j < = i;j          //内循环
 ++)
{

    sum = sum + j;          //在内循环计算每一项的值 sum

}
  Sum = Sum + sum;          //在外循环计算每一项的值 Sum
}
```

在代码中，红色虚线以外的部分为外循环，外循环负责计算整个算术表达式 $1 + (1 + 2) + (1 + 2 + 3) + \cdots + (1 + 2 + 3 + \cdots + 50)$ 的值。

在外循环表达式中，变量 i 为外循环变量，同时也是内循环变量 j 的循环终值。

将内、外循环结合起来看，外循环每循环一次，循环变量 i 的值增加 1 后，接下来内循环的循环变量 j 的循环终值也增加 1。

（3）源代码。

用循环的嵌套方法求 $1 + (1 + 2) + (1 + 2 + 3) + \cdots + (1 + 2 + 3 + \cdots + 50)$ 的完整代码如下。

```
/* 实训程序12_2 */
#include < stdio.h >
main()
{
    int i,j,sum,Sum = 0;
    for(i = 1;i < = 50;i ++)    //外循环
    {
        sum = 0;                //将内循环计算的 sum 清零
        for(j = 1;j < = i;j ++) //内循环
        {
            sum = sum + j;      //在内循环计算每一项的值 sum
        }
        Sum = Sum + sum;        //在外循环计算每一项的值 Sum
    }
    printf("循环嵌套方法计算的结果:\n");
    printf("Sum = %d",Sum);
}
```

（4）运行程序。

程序运行结果与实训 12_1 程序运行结果完全相同，如图 12 – 7 所示。

图 12 – 7　实训程序 12 – 2 运行结果

1. for 语句的一般形式是什么？

2. for 语句的循环体内为什么没有改变循环变量的语句？

3. 说说 for 语句执行的流程，并用流程图把它描述出来。

4. break 语句在循环结构中的作用是什么？

5. for 语句与 while 语句分别适合在什么情况下使用？

6. 编程计算 1～200 中所有能被 5、7 整除的数的和。

7. 编程计算 $1 + \dfrac{1}{2} + \dfrac{1}{3} + \dfrac{1}{4} + \cdots + \dfrac{1}{100}$ 的值。

8. 当算术表达式 $1 + \dfrac{1}{2} + \dfrac{1}{3} + \cdots + \dfrac{1}{n}$ 的值大于等于 3.5 时 n 的最小值是多少？

9. 编程计算 $1 + \dfrac{1}{2} + 2 + \dfrac{1}{3} + 3 + \dfrac{1}{4} + \cdots + 99 + \dfrac{1}{100}$ 的值。（参考答案：Sum = 4954.187377）

第 4 单元
函　数

- 函数的定义
- 函数的调用
- 变量的作用域

第 *13* 课

函数的定义

13.1 基本要点

13.1.1 函数的概念

在 C 语言程序中，函数是程序的基本单位。

每个函数都是具有独立功能的模块。利用函数，可以方便地实现程序的模块化，同时使整个程序的组织、编写、阅读、调试、修改和维护更加方便，并且可以提高程序的可重用性。

一个 C 语言程序可以由一个主函数和若干其他程序构成，而主函数即 main( ) 函数是任何时候都不能缺少的。

函数是什么样子呢？下面就是一个函数。

```
void fun()
{
    函数体；
}
```

前面所编写的程序都是一些简单的 C 语言程序，除了一些编译预处理命令外，所有程序的命令都写在 main( ) 函数中。但在实际应用中，一个程序往往很大，比如具有成千上万条语句，如果都"挤"在 main( ) 函数中，会使程序的阅读和维护变得十分困难。

函数从用户的角度来分，有库函数和自定义函数两大类。在 C 语言程序设计中，善于利用函数编写程序是很重要的。

13.1.2 库函数

库函数，也称为标准函数，它是由系统定义的。例如输入函数 scanf( ) 函数、输出函数 printf( ) 等都是库函数。这些库函数直接使用即可。

不过，在使用库函数时，要用文件包含命令在程序前面包含该函数原型所在的头文件。

例如，scanf( ) 函数和 printf( ) 函数所在的头文件是"stdio.h"，在程序中要输入或输出数据时，要在程序前面加上

```
#include < stdio.h >
```

命令。

为了加深对库函数的印象，新认识两个库函数，即时间函数和随机函数。

1. 时间函数 time( )

（1）time( ) 函数显示从 1970 年开始到现在的时间，即经过的总秒数。time( ) 函数所在的头文件为 "time. h"。time( ) 函数可以用于获取计算机运行的时间，时间变量的数据类型为 time_t，括号中的参数为 NULL。例如：

```
time_t t1;
t1 = time(NULL);
```

（2）编写一个程序，查询时间的总秒数。源代码如下。

```
/* 要点程序 C13_1 */
#include <stdio.h>     //包含 printf( )函数所在的头文件
#include <time.h>      //包含 time( )函数所在的头文件
main()
{
    time_t s;          //time_t 为变量 s 的数据类型
    s = time(NULL);
    printf("s = %d \n",s);
}
```

程序运行结果如图 13－1 所示。

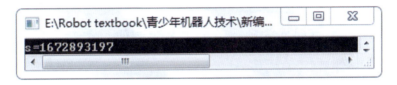

图 13－1　程序运行结果

2. 随机函数 srand( )/ rand( )

（1）srand( ) 函数。

srand( ) 函数是一个初始化随机数发生器。它的函数原型为

```
void srand(unsigned seed)
```

其中，unsigned 为数据类型；seed 称为随机种子，一般用系统时间函数 time(NULL) 作为随机种子，即初始化随机数发生的语句为

```
srand((unsigned)time(NULL));
```

（2）rand( ) 函数。

rand( ) 函数是一个随机数生成函数，它没有参数。使用 rand( ) 函数可以生成一个随机数。srand( ) 函数和 rand( ) 函数所在的头文件为 "stdlib. h"。

（3）编写一个生成随机数的程序。源代码如下。

```
/* 要点程序 C13_2 */
#include <stdio.h>
#include <stdlib.h>    //包含随机函数所在的头文件
#include <time.h>
```

```
main()
{
    int a;
    srand((unsigned)time(NULL));
    a = rand();
    printf("%d",a);
}
```

程序运行结果如图 13 - 2 所示。

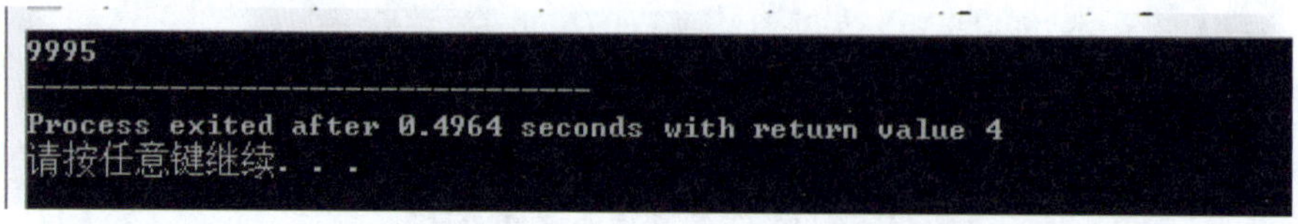

图 13 - 2　程序运行结果

（4）确定随机数范围。

在要点程序 C13_2 中，用 rand( ) 函数生成了一个随机数 9995。但在应用中，有时候需要控制随机数的范围。这时，需要用下面的表达式生成一个控制范围内的随机数：

```
rand()%m+n
```

其中，n 为随机数的下限，m + n 为随机数的上限。例如，要生成 10 ~ 100 范围内的随机数，取 m = 90，n = 10，表达式为

```
rand()%90 +10
```

需要注意的是，用这个表达式生成的 10 ~ 100 范围内的随机数不包含数字 100。如果需要包含数字 100，表达式应为

```
rand()%91 +10
```

在要点程序 C13_2 中，将语句"a = rand( )"修改为"rand( )%91 +10；"，程序运行结果如图 13 - 3 所示。

图 13 - 3　程序运行结果

13.1.3　自定义函数

自定义函数，即用户自己定义的函数，亦即用户遵循 C 语言的语法规则编写的一个程序，它用于实现特定的功能。

函数定义的一般形式如下。

```
函数类型  函数名(形式参数列表)      //函数首部
{                                        //函数体
    局部变量声明语句;
    执行语句;
}
```

例如，一个求圆的面积的自定义函数如下。

```
float circle(float r)      //函数首部
{                                //函数体
    float a;                 //局部变量声明
    a =3.14 * r * r;       //执行语句
    return a;              //返回值
}
```

1. 函数类型

函数类型是该函数最终返回值的数据类型，如 float 类型。

如果一个函数没有指定函数类型，系统会默认指定该函数类型为 int 类型，如 main( )函数；如果一个函数没有返回值，则必须指定这个函数的类型为 void，即空类型。

2. 函数名

函数名必须是一个合法的标识符，并且不能与程序内其他函数或变量同名，如 circle 是一个函数名。

3. 形式参数列表

形式参数简称形参，由变量的类型和变量名组成。一个函数可以只有一个形参，如（float r)；也可以有多个形参，如（int x，int y)，它们用逗号分隔；还可以没有形参，称为无参函数。

形参的类型可以是任何合法的数据类型，如 int、float、char 等。

4. 函数体

函数体是由一对花括号括起来的一组复合语句，一般由变量声明部分和执行语句部分组成。

当一个函数执行后要将一个值返回给主调函数时，需要使用 return 语句。return 语句的形式如下。

```
return 表达式;
```

当一个函数执行后不需要给主调函数返回值时，函数体内不需要写 return 语句，或只写"return;"语句。例如，空类型（void）函数肯定不需要写 return 语句。

例如，计算边长为整数的长方形的面积，编写一个函数实现长方形面积的计算功能。

编程步骤如下。

（1）编写函数。

①定义函数的类型与函数名。

由于长方形的边长为整数，它的面积也为整数，所以定义函数类型为 int 型。函数命名为 rec。

②定义形参。

计算长方形的面积有 2 个参数"长"和"宽"，命名为 x，y。它们的数据类型为 int 型，因此形式参数为 int x，int y。

于是，函数首部为：int rec（int x，int y）。

③在函数体内计算面积。

计算方法如要点程序 C13_3 所示。在函数体的尾部用"return s；"语句将计算结果返回给主调函数 main（）。

（2）编写 main（）函数。

main（）函数如要点程序 C13_3 所示。在 main（）函数内调用 rec（）函数接收长方形面积的值。

注意：main（）函数再不需要"亲自"计算长方形的面积。编写 main（）函数的方法除了需要写出调用 rec（）函数的语句外，其他部分与前面所学习的要求完全相同。

源代码如下。

```
/* 要点程序 C13_3 */
#include<stdio.h>
int rec(int x,int y)      //自定义函数
{
    int s;
    s=x*y;
    return s;            //将面积值返回给 main()函数
}
main()
{
    int area,x=9,y=6;
    area=rec(x,y);       //调用 rec()函数,并将返回值存入 area
    printf("长方形面积:%d",area);
}
```

（3）运行程序。

要点程序 C13_3 运行结果如图 13-4 所示。

图 13-4　要点程序 C13_3 运行结果

13.2　应用示例

【示例 13-1】　编写程序，在自定义函数中生成两个随机数，并求这两个随机数的和，然后输出结果。

1. 分析

首先分析函数是否有返回值，因为函数类型要根据返回值的类型确定；然后定义函数的类型与名称；最后确定这个函数是否有形参及参数的类型。

（1）返回值：本示例要求在函数内输出结果，不需要将结果返回主调函数 main（），因此函数没有返回值，也可以不要 return 语句。

（2）定义函数的类型：由于函数没有返回值，所以函数类型为空类型，即 void。

（3）为函数命名：将函数命名为 suiji。

（4）形参：两个随机数是在自定义函数中生成的，因此不需要形参。

2. 编程步骤

1）定义函数

（1）定义函数首部。根据上面的分析，函数首部为 void suiji（）。

（2）在函数体内声明随机变量 a、b 及求和的变量 c。

（3）分别生成 2 个随机数 a、b，随机数发生范围为 100～500。

（4）求和并输出结果。

2）编写 main（）函数

在 main（）函数中调用 suiji（）函数，实现 suiji（）函数的功能。因为在 C 语言程序中，除了 main（）函数，其他任何函数都不能独立运行。前面已经学习过，一个 C 语言程序总是从 main（）函数开始，在 main（）函数中结束。

在 main（）函数里，除了调用 suiji（）函数外，再没有任何其他事情可做。

3. 源代码

示例 13－1 程序代码如下。

```
/* 示例程序 myC13_1 */
#include < stdio.h >
#include < stdlib.h >    //包含随机函数所在的头文件
#include < time.h >
void suiji()
{
    int a,b,c;
    srand((unsigned)time(NULL));    //随机数发生器初始化函数
    a = rand()% 401 +100;
    b = rand()% 401 +100;
    c = a +b;
    printf("%d +%d =%d",a,b,c);
}
main()                   //主函数
{
    suiji();              //调用 suiji()函数
}
```

4. 运行程序

示例 13－1 程序运行结果如图 13－5 所示。

图 13－5　示例 13－1 程序运行结果

13.3 编程实训

【实训 13 – 1】 编写一个加法测验程序，进行只有两个操作数的 2 位数加法运算，输入答案后能检验答案是否正确。加法运算功能由自定义函数实现，两个操作数由随机函数生成。

1. 分析

加法测验程序要能进行反复运算，因此该程序应具有循环运算的功能，即需要用循环语句进行设计。但是，运算中需要循环多少次不确定，因此适宜使用 while 语句。

所有操作包括运算结果输出均由自定义函数实现，因此函数既不需要形参，也没有返回值，是一个空类型函数。

2. 编程步骤

1）定义函数

（1）将函数命名为 fun，根据上面的分析，函数首部为 void fun( )。

（2）声明变量：随机数变量 a、b，"和"的变量 c 及"答案"变量 s。

（3）在 while 循环体内生成随机数，并实现加法运算与答案检查。由于只有 2 位数的加法运算，所以随机数的范围为 10 ~ 99，即 rand( ) % 90 + 10。

2）编写 main( ) 函数

根据实训要求，main( ) 函数体内只有一条调用 fun( ) 函数的语句。

3. 源代码

实训 13 – 1 程序代码如下。

```
/* 实训程序13_1 */
#include <stdio.h>
#include <stdlib.h>     //包含随机函数所在的头文件
#include <time.h>
#include <conio.h>
void fun()              //自定义函数
{
    int a,b,c,s;
    printf("提示:按 Enter 键确认答案 \n");
    printf("    再次按 Enter 键继续 \n");
    printf("    按空格键退出 \n");
    printf("\n");
    while(1)     //无限循环
    {
        srand((unsigned)time(NULL));//初始化随机数发生器
        a = rand() % 90 +10;        //产生第一个随机数
        b = rand() % 90 +10;        //产生第二个随机数
        c = a +b;
```

```
    printf("%d+%d=",a,b);
    scanf("%d",&s);              //从键盘输入答案
    if(s==c)
    {
        printf("正确!\n");
    }
    else
    {
        printf("错误!\n");
    }
    if(getch()==32)
    {
        break;
    }
    }
}

    main()        //主函数
    {
        fun();      //调用自定义函数
    }
```

4. 运行程序

程序开始运行后，按屏幕提示进行操作，如图 13－6 所示。

图 13－6　实训 13－1 程序运行结果

课后思考

1. C 语言程序的基本单位是什么？

2. 从用户的角度划分，函数有哪几大类？

3. 什么是库函数和自定义函数？

4. 下面的说法中正确的是（　　　）。

A. 库函数 printf( )、scanf( )、time( )在同一个头文件中

B. 库函数 suiji( )、rand( )在同一个头文件中

C. 库函数 srand( ) 所在的头文件是 "stdio. h"

D. 库函数 srand( )、rand( ) 所在的头文件是 "stdlib. h"

5. 下面的说法中错误的是（　　　）。

A. 定义函数时，函数名必须合法，并且不能与程序内其他函数或变量同名

B. 没有返回值的函数类型为 void

C. 有返回值的函数类型为 int

D. 定义函数时，如果有形参，则对每个形参都要定义它的数据类型

6. 下面的自定义函数中有 2 处错误，请把它们指出来并改正。

```
int f(int x;int y)
{
    int a;
    a = x + y;
    return y;
}
```

第*14*课

函数的调用

14.1 基本要点

14.1.1 函数原型声明

函数原型声明的作用是将函数的相关信息（如函数类型、形参的类型和个数等），告诉编译系统，编译系统则对这些信息进行检测，确保函数能被调用成功。编译系统通过函数原型声明的方式获取这些信息。

1. 函数原型声明的一般形式

函数原型声明的一般形式如下。

函数类型 函数名(形式参数列表)

代码形式例如：

```
int function(int x,int y)
```

2. 函数原型声明的原则

（1）函数原型声明要放在主调函数之前。如 int f1(int a)是主调函数，int f2(int y)是被调函数，则有：

```
float f2(float y);      //被调函数原型声明
int f1(int x)      //主调函数
{
    函数体；
}
```

（2）如果被调函数在主调函数之前，则不需要声明函数原型。例如：

```
float f2(float y)     //被调函数在前,不需要再声明
{
    函数体；
}
int f1(int x)         //主调函数在后
{
    函数体；
}
```

（3）在程序设计中，一般将函数原型声明放在程序的起始位置。

关于函数原型声明还有其他规则，现在主要了解上面这些规则。

在后面的学习中，始终将main()函数放在其他函数的前面，将函数原型声明放在main()函数的前面。例如：

```c
#include<stdio.h>
int f1(int x);          //声明函数 f1()
float f2(float Y);      //声明函数 f2()
main()
{
    函数体；
}
/* 以下为自定义函数 */
float f2(float y)
{
    函数体；
}
int f1(int x)
{
    函数体；
}
```

14.1.2 形参与实参

1. 形参

函数的形参没有确定的值，也没有初值，只是一种形式上的参数。比如第13课中的要点程序 C13_3，在被调用之前它的两个参数 x、y 并没有确定下来。

```c
int rec(int x,int y)     //x,y 都是一种形式上的参数
{
    int s;
    s=x*y;               //x,y 的值由主调函数提供
    return s;
}
```

2. 实参

当一个函数被主调函数调用的时候，主调函数为被调函数给出对应的参数，这些参数称为实际参数，简称实参。

（1）当有多个实参时，实参用逗号隔开。

（2）实参可以是常量、有确定值的变量或表达式。

例如，在main()函数中调用上面的rec()函数计算长方形的面积，调用时要确定长方形的边长 x 和 y，然后用rec(x,y)将实参 x=9、y=6 传递给被调函数的形参。

```c
main()
{
    int area,x=9,y=6；   //初始化实参
    area=rec(x,y)；      //rec(x,y)将实参9,6 传递给形参
```

```
    printf("长方形面积:%d",area);
}
```

3. 形参与实参的关系

实参要与形参完全对应，即两者的个数相等、次序一致，并且对应参数的数据类型相同。

14.1.3 函数调用

函数定义后可以被其他函数调用，既可以在主函数 main() 中被调用，也可以在其他自定义函数中被调用。

1. 函数调用的一般形式

函数调用的一般形式如下。

函数名 （实际参数列表）;

代码形式例如：

```
rec(x,y);
```

2. 函数调用的形式

按照函数在主调函数中的作用，主要有以下调用形式。

（1）以函数调用语句的形式调用。函数调用作为一条独立的语句，这时不要求函数带回明确的返回值（即函数类型为 void），只要求函数完成一定的操作。

例如，在 main() 函数中调用空类型函数 void fun()。

```
/* 要点程序14_1 */
#include <stdio.h>
void fun();        //声明函数
main()           //主调函数
{
    fun();        //调用函数
}
void fun()        //被调函数
{
    int a =3,b =5,c;
    c = a +b;
    printf("c =%d",c);
}
```

（2）以表达式的一个运算对象的形式调用。函数调用以表达式的形式出现在程序中。这时要求程序必须带回一个确定的返回值。

例如，在 main() 函数中调用一个计算圆的面积的函数。

```
/* 要点程序 C14_2 */
#include <stdio.h>
float circle(float r);    //函数声明
main()
{
    float s,t =1.5;    //s为面积变量;t为实参,t 与 r 的数据类型要一致
```

```
    s = circle(t);     //以表达式的形式调用 circle(),将实参 t 传给形参 r
    printf("圆的面积为:%.2f",s);
}

float circle(float r)      //被调函数
{
    float a;
    a = 3.14 * r * r;   //形参 r 的值由实参 t 决定
    return a;           //将 a 返回到 main()中的赋值表达 s = circle(t)
}
```

说明：main()函数中以赋值表达式的形式调用函数，函数 circle(t)是表达式 s = circle(t)的一个运算对象。

14.2　应用示例

【示例 14 – 1】　编写程序计算梯形的面积。自定义函数实现梯形面积计算的功能，在主调函数内从键盘输入计算参数并输出结果。

1. 分析

（1）梯形面积计算需要 3 个参数。取这 3 个参数均为整数，那么参数的数据类型为整型，这里用 int 型。

（2）自定义函数要有返回值，即返回所计算的面积，但这个面积可能是小数，因此函数的数据类型应为浮点型数据，这里用 float 型。

（3）将自定义函数命名为 Area，梯形的形参变量上底为 x，下底为 y，高为 z，函数原型为 float Area(int x, int y, int z)。

2. 编程步骤

（1）声明函数原型 float Area(int a, int b, int h)。

（2）main()函数。

①声明变量。梯形的实参变量：上底为 a，下底为 b，高为 h；面积变量为 area。

②从键盘输入实参 a、b、h。

③调用函数 Area()。

④输出结果。

（3）Area()函数。

①声明面积变量 s。

②计算梯形面积。

③返回函数值，即计算的面积 s。

3. 源代码

示例 14 – 1 程序代码如下。

```
/* 示例程序 myC14_1 */
```

```
#include <stdio.h>
float Area(int x,int y,int z);        //声明函数原型
main()
{
    int a,b,h;        //声明实参变量,每个实参变量的类型要与形参一致
    float area;
    printf("请输入梯形的上底、下底、高:");
    scanf("%d,%d,%d",&a,&b,&h);
    area = Area(a,b,h);    //调用函数时,实参要与形参个数相同,顺序一致
    printf("area = % .2f",area);
}
float Area(int x,int y,int z)            //形参变量在函数原型中声明
{
    float s;        //声明函数值的变量,变量类型要与函数类型一致
    s = (x + y) * z/2.0;
    return s;                          //返回函数值
}
```

4. 运行程序

示例 14 –1 程序运行结果如图 14 –1 所示。

图 14 –1   示例 14 –1 程序运行结果

14.3   编程实训

【实训 14 –1】   编写程序,定义函数进行只有两个操作数的四则运算测验。其中,乘法运算和除法运算的第二个操作数为 1 位数,其他操作数均为 2 位数。

1. 分析

1) 自定义函数分析

(1) 四则运算包括加、减、乘、除运算,如果一种运算定义一个函数,则需要定义 4 个函数才能完成测验,可以定义一个函数用 switch 语句进行运算符选择。

(2) 在 switch 语句中分别用一个 while 无限循环语句进行 4 种运算测验,即对同一种运算能够连续答题。

(3) 给出计算答案后要能够判断答案是否正确,并输出判断结果。

(4) 函数原型。

根据上述分析,这个函数没有返回值,函数类型为 void;函数有 1 个形参,即选择运算符的形

参，参数类型为char，将形参变量命名为ch；将函数命名为fun_s。函数原型为void fun_s(char ch)。

2) main( )函数分析

在main( )函数内选择四则运算符中的一个作为实参，然后调用fun_s( )函数实现测验功能。

2. 源代码

实训14-1程序代码如下。

```
/* 实训程序14_1 */
#include <stdio.h>
#include <stdlib.h>
#include <time.h>
#include <conio.h>
void fun_s(char ch);        //声明函数

main()
{
    char ch;                //声明实参变量
    printf("请选择运算符:");
    ch = getch();           //从键盘输入 + 、- 、* 、/中的一个字符
    printf("%c \n",ch);
    fun_s(ch);
}

void fun_s(char ch)
{
    int a,b,m,n;        //声明随机数变量a,b,计算变量m,答案变量n
    printf("提示:按 Enter 键确认答案 \n");
    printf("     再次按 Enter 键继续 \n");
    printf("     按空格键退出 \n");
    printf(" \n");
    switch(ch)
    {
      case 43:              //加法运算符的 ASCII 值为43
        while(1)
        {
            srand((unsigned)time(NULL));
            a = rand() % 90 +10;     //产生第一个随机数
            b = rand() % 90 +10;     //产生第二个随机数
            m = a +b;
            printf("%d +%d = ",a,b);
            scanf("%d",&n);          //从键盘输入答案
            if(n ==m)    printf("正确! \n");
            else         printf("错误! \n");
            if(getch() ==32) break;   //space 键的 ASCII 值为32
        }
        break;
      case 45:               //减法运算符的 ASCII 值为45
        while(1)
        {
            int p;
```

```c
        srand((unsigned)time(NULL));
        a = rand() % 90 +10;
        b = rand() % 90 +10;
        if(a < b)    //如果被减数小于减数则交换变量
        {
            p = a; a = b; b = p;
        }
        m = a - b;
        printf("%d - %d = ",a,b);
        scanf("%d",&n);
        if(n == m)   printf("正确! \n");
        else         printf("错误! \n");
        if(getch() ==32) break;
    }
    break;
case 42:                 //乘法运算符的 ASCII 值为 42
    while(1)
    {
        srand((unsigned)time(NULL));
        a = rand() % 90 +10;
        b = rand() % 9 +1;
        m = a * b;
        printf("%d * %d = ",a,b);
        scanf("%d",&n);
        if(n == m)   printf("正确! \n");
        else         printf("错误! \n");
        if(getch() ==32) break;
    }
    break;
case 47:                     //除法运算符的 ASCII 值为 47
    while(1)
    {
        srand((unsigned)time(NULL));
        a = rand() % 90 +10;
        b = rand() % 9 +1;
        while(a%b! =0)    //保证 a 能被 b 整除
        {
            a = rand() % 90 +10;
            b = rand() % 9 +1;
        }
        m = a / b;
        printf("%d/%d = ",a,b);
        scanf("%d",&n);
        if(n == m)   printf("正确! \n");
        else         printf("错误! \n");
        if(getch() ==32) break;
    }
    break;
    }
}
```

3. 运行程序

程序开始运行后，屏幕上出现"请选择运算符"的提示，这时从键盘输入四则运算中的某个运算符，如输入"＋"运算符，开始做加法计算测验。当出现"正确"或"错误"的判定结果时，按 space 键即可退出运行。重新运行程序进行下一次测验。

2 位数加法计算测验的执行结果如图 14－2 所示。

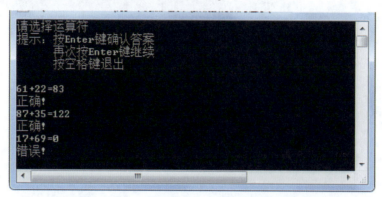

图 14－2　2 位数加法计算测验的执行结果

课后思考

1. 函数原型声明的意义是什么？

2. 下面函数原型声明的形式不正确的是（　　　）。

A. void F1(int x, int y)；

B. int _c(int a, float b)；

C. float 5p(float m, float n)；

D. void _123_()；

3. 下面的程序编译时会发生错误，请在程序中适当的地方补上相应语句。

```
#include <stdio.h>
main()
{
    int area,x =9,y =6;
    area =rec(x,y);
    printf("长方形面积:%d",area);
}
int rec(int x,int y)            //自定义函数
{
    int s;
    s =x * y;
    return s;
}
```

4. 有 3 个函数名相同的自定义函数, 分别不在同一个程序中。指出下面的 main( ) 函数调用的是哪一个自定义函数并说明原因。

```
main()
{
    int a = 3;
    float c;
    c = exerF(a,5);
    printf("c = %f",c);
}


/***** 函数 1 ***** /
float exerF(int a)
{
    float c;
    c = a/5.0;
    return c;
}


/***** 函数 2 ***** /
float exerF(int x, int y)
{
    float t;
    t = (x +1) * x * 1.0/y;
    return t;
}


/***** 函数 3 ***** /
float exerF(float m, float n)
{
    float s;
    s = (m +1) * m * 1.0/n;
    return s;
}
```

第 **15** 课

变量的作用域

15.1 基本要点

变量在一个程序中的作用范围称为变量的作用域。变量根据作用域可以分为局部变量和全局变量。

15.1.1 局部变量

1. 局部变量的概念

在一个函数内部定义的变量或在复合语句内定义的变量称为局部变量。

例如：

```
/* 要点程序 C15_1 */
#include<stdio.h>
main()
{
    int a,b,s1,s2;    //该处变量的作用域为整个 main()函数
    a=3;b=10;
    if(a<5)
    {
        int x;              //变量 x 的作用域为本处复合语句
        x=5;
        s1=a+x;
    }
    if(b>5)
    {
        int x;              //变量 x 的作用域为本处复合语句
        x=50;
        s2=b+x;
    }
    printf("s1=%d\n",s1);
    printf("s2=%d",s2);
}
```

在要点程序 C15_1 中，a、b、s1、s2 是 main()函数的局部变量，第一个 if 语句中的 x 为第一个复合语句的变量，第二个 if 语句中的 x 为第二个复合语句的变量。

2. 局部变量的使用规则

（1）局部变量的作用域仅限于定义它的函数或复合语句。其他函数或复合语句无法访问，即不能使用。例如，在要点程序 C15_1 中的末尾加上一条语句"printf("x =％d",x);"后，则编译无法通过，因为它在复合语句外使用了复合语句的局部变量。

（2）在 main()函数中定义的变量也只能在 main()函数中使用，不能在其他函数中使用；main()函数也不能使用其他函数内部的变量。

（3）形式参数也是局部变量，只不过它是在函数首部定义的，而不是在函数体内定义的。例如，函数 int fun(int x，int y) 中的 x，y 是这个函数的局部变量。

（4）允许在不同的函数中使用相同名称的变量，因为它们代表不同的变量。如在要点程序 C15_1 中，第一个 if 语句的变量 x 与第二个 if 语句的变量 x 是不同的变量。

15.1.2 全局变量

1. 全局变量的概念

在所有函数（包括 main()函数）外部定义的变量称为全局变量。

例如：

```
/* 要点程序 C15_2 */
#include <stdio.h>
float f1();              //声明函数原型
float f2();              //声明函数原型
float a,_f1,_f2;         //声明全局变量
main()
{
    printf("_f1 =％.1f \n",f1());   //使用全局变量 _f1
    printf("_f2 =％.1f \n",f2());   //使用全局变量 _f2
}

int b;              //声明全局变量,作用域为这后面的所有函数
float f1()
{
    a =2.0;             //使用全局变量 a
    b =3;              //使用全局变量 b
    _f1 =a +a *b;        //使用全局变量 _f1
    return _f1;
}

float f2()
{
    a =2.5;             //使用全局变量 a
    b =4;              //使用全局变量 b
    _f2 =a +a *b;        //使用全局变量 _f2
    return _f2;
}
```

2. 全局变量的使用规则

（1）全局变量的作用域是从它定义的位置开始到源程序文件的结束。

（2）从全局变量定义的位置开始，它后面的所有函数都可以使用这个变量，而它前面的函数则不能使用这个变量。例如，在要点程序 C15_2 中，全局变量 b 可以被它后面的函数 f1( )、f2( ) 使用，而不能被它前面的 main( ) 函数使用。如，在 main( ) 函数中加上一条赋值语句"c = 1;"，则程序编译无法通过。

（3）在同一个源程序文件中，如果一个局部变量与全局变量同名，则在这个局部变量所在的函数或复合语句中，全局变量不起作用。例如：

```
/* 要点程序 C15_3 */
#include<stdio.h>
void f();
double a;              //声明全局变量
main()
{
    a = 0.5;
    printf("全局变量 a = % .2f \n",a);
    f();
}

void f()
{
    double a;          //声明局部变量
    a = 10.6;
    printf("局部变量 a = %.2f",a);
}
```

程序运行结果如图 15 – 1 所示。

图 15 – 1　程序运行结果

从程序运行结果可以看出，函数 f( ) 中的局部变量 a 赋值后为 10.60，而不是 0.50。这说明全局变量与局部变量同名时，这个全局变量在这个局部变量作用的函数或复合语句中不起作用。

15.2　应用示例

【示例 15 – 1】　编写程序，计算圆柱体的表面积。圆柱体的半径为 20 厘米，高为 100 厘米。

1. 分析

圆柱体的表面积为侧面积与两个底面积的和，即 $s = 2\pi rh + \pi r^2 * 2$。用自定义函数计算面积。

作为练习，在 main( ) 函数中计算圆柱体的底面积，用自定义函数计算圆柱体的侧面积。

由于圆柱体的侧面积公式为 $2\pi rh$，所以将自定义函数类型定义为 float。自定义函数共有 2 个形参 r、h。

2. 编程步骤

编写 main( ) 函数，其内容如下。

（1）声明局部变量：整型变量 r（半径）、h（高）；浮点型变量 s（表面积）、s1（底面积）。

（2）将圆柱体的半径、高的值赋给实参变量 r、h。

（3）计算圆柱体的底面积。

（4）调用函数计算底面积与侧面积的和，函数实参为 r、h。

（5）输出结果。

3. 源代码

示例 15-1 程序代码如下。

```
/* 示例程序 C15_1 */
#include <stdio.h>
float area(int r,int h);              //声明函数原型
main()
{
    int r,h;                          //声明局部变量 r,h(实参)
    float s,s1;                       //声明局部变量 s,s1
    r =3;
    h =15;
    s1 =2*3.14*r*r;
    s =s1 +area(r,h);                 //调用函数 area()
    printf("s =% .2f 平方厘米",s);
}

float area(int r,int h)   //形参 r,h 也是 area() 函数的局部变量
{
    float s1;                //声明局部变量 s1
    s1 =2*3.14*r*h;
    return s1;
}
```

说明，area( ) 函数中的局部变量 s1 与 main( ) 函数中的局部变量 s1 是两个不同的变量。因此，将 area( ) 函数中的函数值 s1 返回给 main( ) 函数时，与 main( ) 函数中的 s1 并不冲突。

4. 运行程序

示例 15-1 程序运行结果如图 15-2 所示。

图 15-2　示例 15-1 程序运行结果

15.3 编程实训

【实训 15 -1】 编写程序,进行只有两个操作数的四则运算测验。其中,乘法运算和除法运算的第二个操作数为 1 位数,其他操作数均为 2 位数。测验时记录测验时间,计算答题速度及答题正确率。

1. 分析

实训 15 -1 是实训 14 -1 的延续,只是测验时增加了测验时间、答题速度和答题正确率等的记录与计算。因此,只需要在实训程序 myProject14_1 的基础上新定义一个记录测验时间、计算答题速度与答题正确率的功能函数,并在这个功能函数里输出这些数据。

对于 main( ) 函数部分与实现四则运算测验的 fun_s( ) 函数部分参见第 14 课的实训程序 myProject14_1,这里不再重复。

新定义函数说明如下。

(1) 由于函数直接输出相关测验数据,所以没有返回值,函数类型为 void;根据实训要求,函数也不需要参数,是无参函数;命名这个函数为 fun_t。于是,函数原型为 void fun_t( )。

(2) 在 fun_t( ) 函数内定义局部变量 r、s、t。其中 r = sum/Sum,为答题正确率变量,数据类型为浮点型。sum 为正确答案总数变量,Sum 为答题总数变量;s = t/Sum,为答题速度变量,数据类型为浮点型;t = t2 - t1 为答题时间变量,t1 为开始答题时间,t2 为答题结束时间,单位为秒。

(3) 在函数 fun_s( ) 和 fun_t( ) 中都要使用变量 sum、Sum、t1、t2,因此将这些变量定义为全局变量。

(4) 在原来的函数 fun_s( ) 中,增加记录答题开始的时间 t1 和结束的时间 t2、答对的题数 sum 和答题总数 Sum。

2. 编程步骤

对第 14 课的要点程序 myProject14_1 进行必要的修改,并新定义函数 fun_t( )。

(1) 声明函数原型。

(2) 编写 main( ) 函数 (与要点程序 myProject14_1 相同)。

(3) 在第一个自定义函数前面声明全局变量。

(4) 修改 fun_s( ) 函数,并在 fun_s( ) 函数中调用 fun_t( ) 函数。

(5) 定义 fun_t( ) 函数。

3. 源代码

实训 15 -1 程序代码如下。

```
/* 实训程序 15_1 */
#include <stdio.h>
#include <stdlib.h>
#include <time.h>
#include <conio.h>
```

```
void fun_s(char ch);
void fun_t();

main()
{
    char ch;
    printf("请选择运算符:");
    ch = getch();
    printf("%c\n",ch);
    fun_s(ch);
}


time_t t1,t2;        //声明全局变量:系统时间
int sum = 0,Sum = 0;    //声明全局变量:答对的题数和答题总数
void fun_s(char ch)
{
    int a,b,m,n;        //声明局部变量
    printf("提示:按 Enter 键确认答案 \n");
    printf("     再次按 Enter 键继续 \n");
    printf("     按空格键退出 \n");
    printf(" \n");
    t1 = time(NULL);    //记录开始答题的时间

    switch(ch)
    {
        case 43:        //加法运算,运算符的 ASCII 值为 43
            while(1)
            {
                srand((unsigned)time(NULL));
                a = rand() % 90 +10;
                b = rand() % 90 +10;
                m = a + b;
                printf("%d + %d = ",a,b);
                scanf("%d",&n);        //从键盘输入答案
                if(n == m)
                {
                    printf("正确! \n");
                    sum ++;            //记录答对的题数
                }
                else
                printf("错误! \n");
                Sum ++;                //记录答题总数
                if(getch() == 32) break;
            }
            t2 = time(NULL);        //记录答题结束时间
            fun_t();                //调用函数 fun_t()
            break;
        case 45:                    //减法运算,运算符的 ASCII 值为 45
            while(1)
            {
```

```c
        srand((unsigned)time(NULL));
        a = rand() % 90 +10;
        b = rand() % 90 +10;
        if(a<b)
        {
            int p;
            p=a; a=b; b=p;
        }
        m=a-b;
        printf("%d-%d=",a,b);
        scanf("%d",&n);          //从键盘输入答案
        if(n==m)
        {
            printf("正确! \n");
            sum++;               //记录答对的题数
        }
        else
        printf("错误! \n");
        Sum++;                   //记录答题总数
        if(getch()==32) break;
    }
    t2=time(NULL);              //记录答题结束时间
    fun_t();                    //调用函数 fun_t()
    break;
case 42:              //乘法运算,运算符的 ASCII 值为 42
    while(1)
    {
        srand((unsigned)time(NULL));
        a = rand() % 90 +10;
        b = rand() % 9 +1;          //生成 1~9 的随机数
        m=a*b;
        printf("%d*%d=",a,b);
        scanf("%d",&n);          //从键盘输入答案
        if(n==m)
        {
            printf("正确! \n");
            sum++;               //记录答对的题数
        }
        else
        printf("错误! \n");
        Sum++;                   //记录答题总数
        if(getch()==32) break;
    }
    t2=time(NULL);              //记录答题结束时间
    fun_t();                    //调用函数 fun_t()
    break;
case 47:              //除法运算,运算符的 ASCII 值为 47
    while(1)
    {
        srand((unsigned)time(NULL));
```

```
            a = rand( ) % 90 +10;
            b = rand( ) % 9 +1;          //生成1~9的随机数
            while(a%b! =0)              //保证a能被b整除
            {
                a = rand( ) % 90 +10;
                b = rand( ) % 9 +1;
            }
            m =a /b;
            printf("%d/%d = ",a,b);
            scanf("%d",&n);            //从键盘输入答案
            if(n ==m)
            {
                printf("正确! \n");
                sum ++;                //记录答对的题数
            }
            else
            printf("错误! \n");
            Sum ++;                    //记录答题总数
            if(getch( ) ==32) break;
        }
        t2 =time( NULL);               //记录答题结束时间
        fun_t( );                      //调用函数 fun_t( )
        break;
    }

}


void fun_t( )
{
    float r,s;                //声明局部变量
    int t;
    t =t2 - t1;               //计算答题时间
    s =t *1.0/Sum;           //计算每道题所用的时间
    r =sum *1.0/Sum *100;    //计算答题正确率

    printf(" \n");
    printf(" \n");
    printf("答题总数:%d \n",Sum);
    printf("所用时间:%d 秒 \n",t);
    printf("答题速度:%.1f 秒/题 \n",s);
    printf("正确率: %.1f%%",r);
}
```

说明如下。

（1）在程序中，main（）函数调用 fun_s（）函数，fun_s（）函数调用 fun_t（）函数，这种调用方式叫作函数的嵌套调用。

（2）在 fun_t（）函数中，格式输出函数 printf（"正确率：%.1f%%"，r）中的"%%"为百分号输出，见"程序运行"。

4. 运行程序

按屏幕提示进行操作，如图 15 - 3 所示。

图 15 - 3　实训 15 - 1 程序运行结果

课后思考

1. 什么是变量的作用域？

2. 什么是全局变量？什么是局部变量？

3. 全局变量和局部变量各有哪些使用规则？

4. 指出下面代码中各变量的作用域分别是什么。按照注释中的示例，把它填写到对应的注释符后面。

```
...
int a;              //变量 a:_____
main()
{
    int b;          //变量 b:_____
    ...
}


float x,y;          //变量 x、y:_____
viod f1(int b)       //变量 b:_____
{
    int c;          //【例】变量 c:作用域为函数 f1()
    ...
}
float f2()
{
    int i =1;           //变量 i:_____
    while(i <=100)
```

```
    {
        int d;                //变量d:_____
        ...
    }
    ...
}
```

5. 按下面的要求分别编写程序，用自定义函数实现计算长方体体积的功能。长方体的长为 50 厘米，宽为 30 厘米，高为 95 厘米。要求如下。

（1）在主调函数内输出计算结果，自定义函数为有参函数。

（2）在自定义函数内输出计算结果，自定义函数为无参函数。

参 考 文 献

［1］中国电子学会普及工作委员会. 机器人基础技术教学［M］. 北京：《电子制作》杂志社，2021.

［2］中国电子学会，上海享渔教育科技有限公司. 智能硬件项目教程［M］. 北京：航空航天大学出版社，2018.